王陽明　徐愛

「伝習録集評」

鈴木利定 閲　　中田　勝 著

致良知

璜堂中田勝

平成25（2013）年4月28日、湯島聖堂（大成殿）にて
挙行された孔子祭（釋奠《せきてん》）で講経をされる著者。

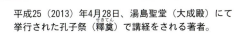

【写真等解説】

写真は、平成二十五（二〇一三）年四月二十八日（日）、湯島聖堂（公益財団法人 斯文会）大成殿で行われた孔子祭（釋奠《せきてん》）において、講経（『論語』述而篇「依於仁、游於藝」章）をされる著者。

当日配布のレジュメ「結論」部分には、次のように記されている。

「現代に適した文化の創造、及び豊かな人間性の充実と展開に努める。このことが、発表者の今日の願いであります。」

この時、著者 満八十七（数え八十八）歳。

識語・署名は、平成七（一九九五）年三月、ご著書に一筆いただいたものを画像処理して転載した。

（編集部）

はじめに

はじめに

我々が敬愛する中田勝先生が不帰の客となられたのは、平成二十七年三月十一日でした。人々から先生の記憶が遠ざかる頃ですが、却って我々には鮮明に記憶に残っております。

先生ににつ いて語るときに、まず言わねばならないのは情味ある人柄です。それは先生の幼少期の頃の夢 ― 大きくなったら先生になり親孝行したい ― という思いがありありと物語っています。先生は熊本県球磨郡多良木町に生まれ、青少年期を熊本で過されたこともあり、侠気と人情を身につけておられました。また先生の温容に触れた人はその魅力に惹きつけられたのです。信望と親近の念は情味あふれる人柄によるものであり、それはどのような人に対しても終始接せられたことであろう。

先生は十八歳の時、志を立て地元多良木町から汽車で二晩かけ上京し、当時の二松學舍専門学校を受験し合格されました。先生のお話によれば、その時の受験者数は千人をはるかに超えていたということです。専門学校入学後、二松學舍で陽明学に出会ったことが先生の研究の道の始まりであったそうです。

私など先生に教えられて得たものは計り知ることが出来ない。中国哲学を通じ漢詩をその読みかたも、その書きかたも、つまり学者として研究するための方法も、研究者として言葉を構築するための技術も、すべて習い覚えることが出来たような気がします。

学問の領域に於て先生の業績はあまりにも大きく、我々のおよぶところではありません。その先生の心魅かれる授業は、まず静けさの中で、八面玲瓏の如く偉大なる先生に対しての向学心に燃える者達の中で始まり、けっして叫号したり、呼号したり、身を援すことなく、端厳とし厳かで大人風の落ちついた静粛の中で進められる。聞く側の知的充足と緊張が最高に達した時にのみ現出する雰囲気、時が忽ちのうちに流れ去る速さ、本当の講義の楽しい時間がここにあったのです。

先生は現場に、講学に、研究に、八面六臂の御活躍をされ、先生の講学は中国近世哲学として身心の学にあり、我が国にあって各界のリーダーが等しく心を寄せる学問、その思想、陽明学ともまた、活き活きとした正気が漲ってゆくことは間違いないと信じるのです。

更に情報社会の選択・駆使は知行合一とした磨き抜かれた心の学に習うことが重要になってきています。このような社会状況の中でこの本は先生がこの学に思を寄せられた論文・書評であり、先生には『王陽明物語』があります。それらの中より本学陽明学研究所所長として先生の本により直接選び出しかつ編集したもので、この本が広く一般の方に味読されることを願う次第であります。

学校法人昌賢学園　学長 理事長　鈴木　利定

目次

目　次

目次

例言

一、底本は「王文成公全書」に収録の徐愛編の初編『伝習録』十四条（王陽明と徐愛の前書とともに奥書の徐愛の一文まで）を底本とした。

一、本文は漢文の読み下し文とした。

一、原文は別書「伝習録集評」並びに「王陽明全集第一巻　語録」（明徳出版社、正字使用）を用いた。

『伝習録』

序文

一、儒学の代表的人名略解

孔子―名は丘、字は仲尼、諡は尼甫。中国・西暦前の魯の国の人。西暦前五五一年に生まれて、西暦前四七九年に没した。享年七十三歳。その一生は、まず魯に仕えて会計・牧畜などの職につき、のちに司空《しくう》（土地・人民をつかさどる）となって政治に携わったが、まもなくやめて諸国を遊説《ゆうぜい》した。五十歳のころ、再び魯に仕え大司寇《だいしこう》（司寇の意味は、刑罰および警察のことをつかさどる役所を担当する、法務大臣。前記の司空は故に、国土庁長官、自治大臣に当たる）となったが、その後またやめて諸侯に仁の道を説いてまわった。晩年は、望みを後世に託して、門人の教育にあたり、『詩経』・『書経』を整理し、『春秋』を著わした。儒教の始祖である。世界の四聖（今日、世界の四聖とすれば、孔子・釈迦・ソクラテス・キリスト〈東京、江古田の哲学堂は、キリストを省いてカントを加えて四聖と称す〉の一人。

孟子―名は軻《か》、字は子輿《しよ》、西暦前三七二年に生まれ、西暦前二八九年に没した。享年八十四歳。鄒《すう》の人。性善説を唱え、孔子の仁を発展させて仁義の道を説いた。

荀子―名は況《きよう》、荀卿と尊称された。西暦前三一三年に生まれ、西暦前二三八年に没した。享年七十六歳。趙《ちょう》の人。孟子の性善説に対して「性悪説」を唱え、「礼法」を強調した。

朱子―名は熹《き》。字は元晦《げんかい》、号は晦庵《かいあん》、尊んで朱子または朱文公という。西暦一一三〇年に生まれ、西暦一二〇〇年に没した。享年七十一歳。理気二元論を説いた。

底本―王陽明の全詩文を載せた四部叢刊本の『王文成公全書』全三十八巻の内、初編『伝習録』を収録する「巻之一、また語録・一」（『伝習録』、上）を底本とした。

翻訳―初編『伝習録』の翻訳に当っては、できるだけ現代仮名遣を用い、各条の初めの◎印を付した条文の主旨も中田が纏めた。条文の条数は底本に拠った。

附記　底本の『王文成公全書』全三十八巻の邦訳（書き下し文）化は、安岡正篤先生の監修のもと明徳出版社創立三十周年記念出版として国内の諸教授（諸先生）の手により、書き下し文に訳され頭注を付して『王陽明全集・全十巻』として編集、発刊されている。中田の担当は「語録（『伝習録』）」（全三巻）原漢文、全文の解読〈共著〉であり、昭和五十八年（一九八三）十二月二十日に上梓（巻末にその原文を附している）された。

二、王陽明・徐愛

王陽明

中国明代の哲人、王陽明は前半生を陽明学の生成に、後半生はその提唱講学、事功に尽瘁した。陽明は憲宗成化八年（一四七二）九月三十日、浙江省紹興府余姚県の瑞雲楼に生まれ、嘉靖七年（一五二八）十一月二十九日、江西省の南端の地、安南にて没した。

先祖に羲之（書聖）が名を列ねる家系にして、天性剛直鋭敏、十一歳、漢詩の即興をなし祖父を驚嘆せしめ、十八歳、聖学に志すも朱子学への疑惑から、任侠・騎射・辞章・神仙・仏教の道に走る。二十八歳、進士に挙げられ、三十五歳、聖学に復帰す。三十六歳、劉瑾らのために謫遷され、三十七歳、龍場の大悟（天理は我が心）によりみずからの教学を樹立した。その教法が事上磨錬であり、その立言が三十八歳の時の知行合一である。朱子の学問の弊を改め、実行を唱道する陽明の学問を時人は陽明学と称した。四十三歳、南京鴻臚寺卿に昇任、四十六歳、「破山中賊易、破心中賊難」の言葉と、十家牌法の制定がある。この年、高弟の徐愛没す。四十八歳、宸濠の大乱を平定、五十歳、致良知の宗旨を掲ぐ、この年、功業により特進光禄大夫柱国新建伯に封ぜられ南京兵部尚書を兼任、五十六歳、孔子廟に謁し、大学を明倫堂に講ず。また、この年、門弟の王龍渓・銭緒山との天泉橋の四句教の答問あり。五十七歳、江西省の思恩・田州の地に拠った賊を鎮定、且つ田州に思学校、江西省南寧に南寧学校を興す。そしてこの年、南安で、「この心光明なり」の辞世の言葉を遺して没す。隆慶元年（一五六七）、新建侯を贈られ、文成と諡せらる。万暦十二年（一五八四）、孔子廟に従祀さる。

名は守仁、字は伯安、嘗て陽明洞に室を築き講学せしを以て、学者皆、陽明先生と称している。

（中田勝）

——陽明の前半はまさに精神的昏迷時代である。この期間の迷ひを五溺といふ。五溺とは、㈠任侠　㈡騎射　㈢辞章　㈣神仙　㈤仏教

（「陸象山、王陽明」山田準著、岩波書店、一一九頁〈昭和十八年三月十五日第一刷発行〉）

徐　愛

『伝習録』は、陽明門下の顔回といわれた徐愛が遺した聞書《ききがき》、即ち『伝習録』十四条に基づいて、陸澄及び薛侃の筆録一一五条を加え、世徳十三年（一五一八）、陽明四十七歳の年に刊行されたもの。

徐愛の字《あざな》は曰仁《えつじん》、横山《おうざん》と号した。一五一七年没、享年三十一歳。王陽明の妹婿で、内兄弟の間柄《あいだがら》であり、年は陽明より十六歳下である。陽明の門下生としては最初の門人であり、陽明門下の顔回といわれた。陽明が三十六歳のとき、龍場の謫遷に赴こうとするとき、徐愛は弟子の礼を執って学んだ。徐愛は二十一歳（一四九九）進士に及第、直隷《ちょくれい》祁州知事から転じて上京した際、陽明が龍場の謫居から帰還、京師にてその学を唱導した時に再会した。

陽明は、徐愛の死に際し、次のような祭文を書いている。

徐曰仁《えつじん》を祭る文　戊寅　正徳十三年（一五一八）四十七歳

嗚呼《ああ》、痛ましいかな。曰仁《えつじん》、われまた何をか言はん。爾《なんじ》の言わが耳に在り、爾の貌わが目に在り、爾の志わが心に在れども、われ終に奈何《いかん》ともすべけんや。記す爾湘中に在りて還り、かつて予に語《つ》ぐるに寿の長久なる能はざるを以てせり。予その故を詰《なじ》るに、曰く、かつて衡山に遊べるに一老祥曇を夢む。曰仁の背を撫し、謂ひて曰く、子は顔子と徳を同じうすと。俄かにして曰く、また顔子と寿を同じうせんと。覚めてこれを疑ふと。予曰く、夢のみ。子のこれを疑ふは過ちなりと。曰仁曰く、これまた奈何ともすべき。ただ疾ひを告げて早く林下に帰るを得しめ、冀《こいねが》はくば先生の教に従事し、朝に聞くところあれば夕べに死すとも可なりと。嗚呼、われ以為へらくこれ固《もと》より夢なるのみと。孰《たれ》か謂《おも》はんすなはちいまにして竟に夢むるところのごとくなるをや。向《さき》のいふところはそれ果して夢なるや。いまの伝ふるところはそれ果して真なるや。いまの伝ふるところまた果して夢なるや。さきの夢みるところまた果して妄《もう》なるや。嗚呼痛ましいかな。

徐愛の逝去を聞いた陽明は「これを哭《こく》して慟《どう》す」とあり、陽明に従遊し、陽明の良知の説を、多くの学者が初めはいまだ信じない時、これを信じ、こまかにその学を述べた。初編『伝習録』の十四条がそれである。

三、陽明学の行《こう》

人はよく、動機さえ良ければ結果の如何にかかわらず行うというが、そのような学問はどこにもない。動機も結果の良きもみはからってなす学が陽明学にして、陽明学の行（こう）である。陽明学では目に見えない考えることすら、行ということになろう。

私なりの陽明学観、その陽明学の教義（専門用語）を挙げると次の通りである。

◇経解

○誠意（入門）　○格物致知（開眼）

◇用語

○心即理（本質）　○知行合一（行う、良知に転ずる）　○事上磨錬（教法）　○致良知（神髄）

○体認（急所）（体用とは事物の本体と、本体から生ずる働き急所のこと）

本文

一、『伝習録』について

書店の『伝（傳）習録』は陽明学の神髄を伝える書籍として、我が国の人に江戸時代より親しまれている。碩学の訳注本としては**三輪執斎**の編著である『標註伝習録』、及び**佐藤一斎**の編著・『伝習録欄外書』が国内に流布している。国内には『伝習録集評』二冊本を見た（中田）。海外では**王陽明**の全詩文を網羅した四部叢刊本の**『王文成公全書』**全三十八巻の内、巻頭の巻一～巻三が伝習録である。『王文成公全書』の目録では、語録と標記している。この語録と前記の『標註伝習録』・『伝習録欄外書』の二書とは、第一巻（上巻）に掲載の**条文に異動**がある。『伝習録欄外書』ではその条文を注記しているが本文の条文からは省いてある。即ち、『伝習録』（語録）上巻の条文数は一二五条の文を異にして、『伝習録欄外書』の条文数計は一二九条、語録の方の上巻の条文数計は一三〇条である。『標註伝習録』の上巻の条文計も『伝習録欄外書』に同じである。

徐愛が録した十四条が**初編**『**伝習録**』である。伝習の二字は、『論語』学而篇第四章の語、

「曽子曰く、伝へられて習はざるか」と。（「曾子曰、傳不習乎」）

とあるのによる。

師・陽明先生の教えは、聖人に問うても疑う余地のないものであることを知ったとして、大勢の人に知らしめ、習って行きたいものとして伝習録と名づけたものである。これを踏襲した他の高弟達の手により、『伝習録』全三巻が成った。徐愛の記した十四条を伝習録上巻の冒頭に配した、それを指して初編『伝習録』といったものである。

二、「初編・伝習録」一覧（徐愛の聞書）

（前書《まえがき》）**大学**―「もと『礼記《らいき》』の中の一編。古の大学（学校の名）の教えをのべたもので、儒学の根本を説いた書。四書の一つ。

1、『大学』の首文、「親民」・「新民」字について、師・陽明の見解を記している。
2、『大学』の首文、「至善」の陽明の考えを記している。
3、孝の理は我が心にあることとその働きについての陽明の考えが記されている。
4、「孝」の発現と「至善」の解釈についての陽明の考えである。
5、陽明学の特色の一つ「知行合一」説が説かれている。
6、『大学』の格物について（一）
7、『大学』の格物について（二）
8、致知についての教説である。
9、博文約礼についての陽明の考えである。

10、道心と人心についての陽明の考えが記されている。
11、聖人が六経《りくけい》を述べる目的についての陽明の見解である。
六経《りくけい》—詩・書・礼・楽・易・春秋の六つの経書。ただし楽は書物としては伝わらない。
12、三代の政治が模範であることが記されている。
13、『易経、書経、詩経、礼記、楽記』の五経同様、『春秋』も史であり、経であると、陽明が教えるところである。
14、十四条は詩経についての陽明先生の見解である。
（奥書《おくがき》）低書の条文は、徐愛の録した十四条（初編『伝習録』の「奥書」（跋文））である。陽明先生の学が、儒学の正統であるとして、陽明の学問に歓喜している有様を記している。

三、「初編・伝習録」

陽明学説を門下生が、未だ信じない時、徐愛は一人、王陽明の学説を信じようとした。徐愛の脳裏には、いつもそのことがあった。

徐愛の聞書《ききがき》には、そのことが溢れている。徐愛の聞書を分析すると、先ず、前書《まえがき》（本文の前に書き添えたもの）、次に、本文の十四条（質問の主旨）、最後に、奥書（または跋文《ばつぶん》）とした、終りの文章が見える。

前後に挨拶文、中程《なかほど》に十四ヶ条の文章である。

余説

『王文成公全書』巻之一「語録一」（『伝習録集評』と同じ）

初編《しょへん》『伝習録』の前書《まえがき》

「愛・備《つぶ》さに平日の聞く所を録し、私《ひそか》に以てかの同志に示し、相互《あいとも》に考えてこれを正す。庶《こいねが》はくは先生の教に負《そむ》くことなからん」と。

四、訳　文

○ 先生の大学の格物の諸説における、悉《ことごと》く旧本を以て正と為す。蓋《けだ》し先儒のいはゆる誤本なるものなり。愛始めて聞いて駭《おどろ》き、既にして疑ひ、已《すで》にして精を殫《つく》し思を竭《つく》し、参互錯綜して、以て先生に質《ただ》し、然る後に先生の説は、水の寒《つめた》きがごとく、火の熱きがごとく、断断乎《だんだんこ》として、百世以て聖人を俟《ま》つて惑《まど》はざるものなるを知る。先生、明容天授《めいようてんじゅ》、然れども和楽坦易《わらくたんい》、辺幅《へんぷく》を事とせず。人その少《わか》かりし時豪邁不羈《ごうまいふき》また嘗《かつ》て詞章に泛濫《はんらん》し、二氏の学に出入せしを見、驟《にわ》かにこの説を聞いて、皆な目して以て異を立て奇を好むと為し、漫《みだ》りに省究せず。先生の夷に居ること三載、困に処り静を養ひ、精一の功、固より已に聖域に超入し、粋然たる大中至正の帰なることを知らず。

愛、朝夕門下に炙《しゃ》して但だ先生の道は、これに即《つ》けば易《やす》きがごとくにして、これを仰げば愈々《いよいよ》高く、これを見れば粗なるがごとくにして、これを探れば愈々精《いよいよくわ》しく、これに就けば近きがごとくにして、これに造《いた》れば愈々益々窮りなきを見る。十余年来、竟《つい》に未だその藩籬《はんり》をも窺《うかが》ふこと能はず。世の君子、或は先生と僅《わず》かに一面を交へ、或は猶《な》ほ未だその謦欬《けいがい》を聞かず、或は先づ忽易憤激《こついふんげき》の心を懐《いだ》いて、遽《にわ》かに立談の間、伝聞の説において、臆断懸度《おくだんけんたく》せんと欲す。これを如何ぞそれ得べけんや。従遊の士、先生の教《おしえ》を聞き、往往一を得て二を遺《わす》れ、その牝牡驪黄《ひんぼりこう》を見て、そのいはゆる千里なるものを棄つ。故に愛備《つぶ》さに平日の聞く所を録し、私《ひそか》に以てかの同志に示し、相与《あいとも》に考へてこれを正す。庶《こいねが》はくは先生の教に負《そむ》くことなからん〔と云《い》ふ〕。

門人徐愛書す。

◎『大学』の首文、「親民」・「新民」字について、師・陽明の見解を記している。

①　愛問ふ、「『民を親しむに在り』は、朱子謂ふ、『当《まさ》に新民に作るべし』と。後章の『新《あらた》なる民を作《おこ》す』の文、亦た拠《よ》る所あるに似たり。先生以為《おも》へらく、『宜しく旧本に従ひて親民に作るべし』と。亦た拠る所ありや、否や」。先生曰く、「『新民を作す』の新は、これ自《みずか》ら新たにするの民にして、『民を新たにするに在り』の新と同じからず。これ豈《あ》に拠《きょ》と為すに足らんや。作《おこ》すの字は却つて親の字と相対《あい》す。然《こ》れ親の字の義にあらず。下面の

治国平天下の処、皆な新の字において発明なし。『君子はその賢を賢として、その親を親しみ、小人はその楽しみを楽しんで、その利を利とす。赤子を保《やす》んずるがごとし。民の好む所はこれを好み、民の悪む所はこれを悪む、これをこれ民の父母と謂ふ』と云ふがごときの類は、皆なこれ親の字の意なり。親民は猶ほ孟子に『親を親しみ、民を仁す』の謂《いい》のごとし。これを親しむはすなはちこれを仁するなり。『百姓親しまず、舜、契《せつ》をして司《し》徒たらしめ、敬《つつし》みて五教を敷《し》く』とは、これを親しむ所以なり。堯典に『克く峻徳《しゅんとく》を明かにす』とは、便ちこれ明徳を明かにするなり。『以て九族を親しむ』より、『平章協和』に至るまで、便ちこれ民を親しむなり、便ちこれ明徳を天下に明かにするなり。また孔子の『己《おのれ》を修めて以て百姓を安んず』と言ふがごときも、己を修むるは、便ちこれ明徳を明かにするなり。百姓を安んずるは、便ちこれ民を親しむなり。民を親しむと説けば、便ちこれ教養の意を兼ね、民を新たにすと説けば、便ち偏《かたよ》〔了〕るを覚ゆ」。

（前記の〇印、及び数字の①、②以下は〈文語文〉である。中田）

◎『大学』の首文、「至善」の陽明の考えを記している。

② 愛問ふ、「『止まるを知りて後に定まるあり』と。朱子以為《おも》へらく、『事事物物、皆な定理あり』と。先生の説と相戻《もと》るに似たり」。

先生曰く、「事事物物の上において至善を求むるは、却つてこれ義外《ぎがい》なり。至善はこれ心の本体なり。只だこれ明徳を明かにし、至精至一の処に到れば便ち是《ぜ》なり。然れども亦た未だ嘗て事物を離《はな》〔却〕れず。本註にいはゆる『かの天理の極を尽して、一毫《いちごう》の人欲の私なし』とは、これを得たり」。

◎孝の理は我が心にあることとその働きについての陽明の考えが記されている。

③ 愛問ふ、「至善は只だ諸《これ》を心に求めば、恐らくは天下の事理において尽すこと能はざるものあらん」。先生曰く、「心は即ち理なり。天下また心外の事、心外の理あらんや」。愛曰く、「父に事ふるの孝、君に事ふるの忠、友に交はるの信、民を治むるの仁のごときは、

その間に許多の理の在るあり。恐らくは亦た察せざるべからざらん」。先生嘆《たん》じて曰く、「この説の蔽《へい》や久し。豈に一語の能く悟《さと》す所ならんや。今、姑《しばら》く問ふ所の者に就いてこれを言はん。且如《たと》へば父に事ふるは、父の上に去《お》いて箇《こ》の孝の理を求むると成さず。君に事ふるは、君の上に去《お》いて箇《こ》の忠の理を求むると成さず。友と交はり民を治むるは、友上民上に去いて箇の信と仁との理を求むと成さず。都《すべ》て只だこの心に在り。心は即ち理なり。この心私欲の蔽なければ、すなはちこれ天理にして、外面より一分《ぶん》を添ふるを須《もち》ひず。この天理にも純《もっぱ》らなるの心を以て、これを発して父に事ふれば便ちこれ孝、これを発して君に事ふれば便ちこれ忠、これを発して友に交はり民を治むれば便ちこれ信と仁となり。只だこの心人欲を去り天理を存する上に在りて功を用ふれば、便ち是《ぜ》なり」。

愛曰く、「先生のかくのごとき説を聞いて、愛已に省悟する処あるを覚ゆ。但だ旧説胸中に纏《まつわ》りて、尚ほ未だ脱然たらざるものあり。父に事ふるの一事のごときは、その間に温凊定省《おんせいていせい》の類《たぐい》、許多の節目あり。〔知ら〕ず、亦た須く講求すべきや否や」。先生曰く、「如何ぞ講求せざらん。只だこれ箇の頭脳あり。只だこれこの心人欲を去り天理を存する上に就いて講求す。就《すなわ》ち冬温を講求するがごとき、也《ま》た只だこれこの心の孝を尽さんことを要《もと》め、一毫《ごう》の人欲の間雑《かんざつ》あらんことを恐怕《おそ》る。夏凊を講求するも、也《ま》た只だこれこの心の孝を尽さんことを要め、一毫《ごう》の人欲の間雑あらんことを恐《おそ》る。只だこれこの心を講求し得、この心もし人欲なく、純《もっぱ》らこれ天理なれば、これ箇の親に孝なるに誠なるの心なり。冬時には自然に父母の寒《さむ》きを思量して、便ち自《おのずか》ら箇の温の道理を求め〔去《ゆ》か〕んことを要《もと》め、夏時には自然に父〔母〕の熱《あつ》きを思量して、便ち自ら箇の凊の道理を求め〔去か〕んことを要《もと》む。這《こ》れ都《すべ》てこれ那《か》の孝に誠なるの心の発出し来《きた》るの条件なり。却ってこれ須く這《こ》の孝に誠なるの心ありて、然る後に這の条件の発出し来ることあるべし。これを樹木に譬《たと》ふるに、這の孝に誠なるの心は、便ちこれ根にして、許多の条件は、便ちこれ枝葉なり。須く先づ根ありて、然る後に枝葉あるべし。これ先づ枝葉を尋〔了〕ねて、然る後に根を種〔去〕うるにあらず。礼記《らいき》に言ふ、『孝子の深愛ある者は必ず和気あり、和気ある者は必ず愉色《ゆしょく》あり、愉色ある者は必ず婉容《えんよう》あり』と。須くこれ箇の深愛の根と做るありて、便ち自然にかくのごとくなるべし」。

◎「孝」の発現と「至善」の解釈についての陽明の考えである。

④　鄭《てい》朝朔《さく》問ふ、「至善も亦た須く事物上より求むるものあるべきか」。先生曰く、「至善は、

只だこれこの心の天理に純《もっぱ》らなるの極なれば便ち是なり。更に事物上において怎生《いかん》して求めん。且《しばら》く試みに幾件を説け。看ん」。朝朔曰く、「且如《たと》へば親に事《つか》ふるは、如何にして温凊の節と為し、如何にして奉養の宜しきと為さん。須く箇《こ》の是当《しとう》を求めば、方《まさ》にこれ至善なるべし。学問思弁の功ある所以なり」。先生曰く、「もし只だこれ温凊の節、奉養の宜しきのみならば、一日二日これを講じて尽すべし。甚《なん》の学問思弁を用ひ得ん。只だ温凊の時においても、也《ま》た只だこの心の天理に純なるの極なることを要し、奉養の時にも、也《ま》た只だこの心の天理に純なるの極なることを要す。これすなはち学問思弁の功あるにあらざれは、将《まさ》に毫釐《ごうり》千里の繆《あやまり》を免れざらんとす。所以《ゆえ》に聖人に在りと雖も、猶ほ精一の訓《おし》へを加ふ。もし只だこれ那《か》の些《いささ》かの儀節に是当を求め得て、便ち至善なりと謂はば、すなはち今の扮戯子《ふんぎし》のごとき、許多の温凊奉養の儀節を扮し得て是当す、亦たこれを至善と謂ふべけん」。　愛この日においてまた省するところあり。

◎陽明学の特色の一つ「知行合一」説が説かれている。

⑤　愛、未だ先生の知行合一の訓《おしえ》を会せざるに因り、宗賢・惟賢と往復弁論して未だ決する

こと能はず。以て先生に問ふ。先生曰く、「試みに挙げよ。看ん」。愛曰く、「如今《いま》、人儘《み》な父には当に孝なるべく、兄には当に弟なるべきことを知〔得す〕る者あり、却って孝なること能はず、弟なること能はず。便ちこれ知と行と分明にこれ両件ならん」。先生曰く、「これ已に私欲に隔断せらる。これ知行の本体にあらず〔了〕。未だ知りて行はざる者はあらず。知りて行はざるは、只だこれ未だ知らざるなり。聖賢の人を教ふる、知行は正にこれ那《か》の本体に復《かえ》らんことを要《もと》む。これ儞《なんじ》をして只だ恁的《かくのごとく》にして便ち罷《や》ま着《し》めず。故に大学は箇の真の知行を指して、人に与へて看しめ、『好色を好むがごとく、悪臭を悪むがごとし』と説く。好色を見るは知に属し、好色を好むは行に属す。只だ那の好色を見る時は已に自《おのずか》ら好〔了〕めり。これ見〔了〕て後にまた箇の心を立てて好〔去〕むにあらず。悪臭を聞《か》ぐは知に属し、悪臭を悪むは行に属す。只だ那《か》の悪臭を聞《か》ぐ時は已に自ら悪〔了〕めり。これ聞《か》〔了〕いで後に別に箇《こ》の心を立てて悪〔去〕むにあらず。鼻塞《ふさが》りたる人のごときは、悪臭の前に在るを見ると雖も、鼻中曽《かつ》て聞《か》〔得〕がざれは、便ち亦た甚《はなは》だしくは悪まず。亦た只だこれ曽て臭《くさ》きを知らざればなり。就《すなわ》ち某人孝を知り、某人弟を知ると称するがごときも、必ずこれその人已に曽て孝を行ひ弟を行ひて、方《まさ》に他《かれ》孝を知り弟を知ると称すべし。只だこれ些《いささ》かの孝弟の話を説くことを暁《さと》〔得〕れば、便ち称して孝弟を知ると為すべしと成さず。また痛を知るがごときも、必ず已に自《みずか》ら痛〔了〕んで方《まさ》に痛を知る。寒を知るも、必ず已に自ら寒《こご》〔了〕ゆ。饑を知るも、必ず已に自ら饑〔了〕う。知行は如何ぞ分〔得〕かち開かん。これ便ちこれ知行の本体にして、曽て私意の隔断あらざる的《もの》なり。聖人の人を教ふる、必ずこれかくのごときことを要《もと》む。方にこれを知と謂ふべし。然らざれは只だこれ曽て知らざるなり。これ却つてこれ何らの緊切着実の工夫ぞ。如今《いま》苦苦に定《かなら》ず知行を説いて両箇と做《な》さんと要《もと》む。これ甚麼《いかなる》意ぞ。某《それがし》は説いて一箇と做さんと要《もと》む。これ甚麼意ぞ。もし立言の宗旨を知らずんば、只管《ひたすら》に一箇両箇と説くも、亦た甚《なん》の用かあらん」。愛曰く、「古人の知行を説いて両箇と做すは、亦たこれ人の見て箇の分暁《ぶんぎょう》ならんことを要《もと》む。一行は知の功夫を做し、一行は行の功夫を做す。すなはち功夫始めて下落あり」。先生曰く、「これ却つて古人の宗旨を失〔了〕ふ。某《それがし》嘗て説く、『知はこれ行の主意、行はこれ知の功夫、知はこれ行の始めにして、行はこれ知の成なり』と。もし会得する時は、只だ一箇の知を説くも、已に自《おのずか》ら行の在るあり。只だ一箇の行を説くも、已に自ら知の在るあり。古人の既に一箇の知を説き、また一箇の行を説く所以は、只だ世間に一種の人あり、懵懵懂懂《ぼうぼうとうとう》〔的〕として意に任《まか》せて做し〔去《ゆ》き〕、全く思惟省察することを解せざるがためなり。也《ま》た只だこれ箇の冥行妄作《めいこうもうさ》なり。所以《ゆえ》に必ず箇の知を説いて、方に纔《わず》かに行〔得〕うて是なり。また一種の人あり、茫茫蕩蕩《ぼうぼうとうとう》として懸空《けんくう》に思索し〔去き〕、全く肯《あえ》て著実に窮行せず。也《ま》た只だこれ箇の揣摸影響《しもえいきよう》なり。所以に必ず一箇の行を説いて、方に纔かに知〔得〕りて真なり。これはこれ古人の已《や》むことを得ずして偏を補ひ弊を救ふの説話なり。もし這箇《しやこ》の意を見〔得〕る時は、すなはち一言にして足る。今、人却つて就《すなわ》ち知行を将《も》つて分つて両件と作《な》し做《な》〔去〕す。以為《おも》へらく、『必ず先づ知〔了〕つて然る後に能く行はん。我如今且《いましばら》く講習討論〔去〕し、知の工夫を做し、知〔得〕つて真〔了〕なるを待ちて、方《まさ》に行の工夫を做《な》〔去〕さん』と。故に遂に身を終るまで行はず、亦た遂に身を終るまで知らず。これはこれ小病痛にあらず。その来《きた》ること已に一日にあらず。某《それがし》、今、箇の知行合一を説くは、正にこれ病に対するの薬なり。またこれ某の鑿空杜撰《さくくうずさん》するにあらず。知行の本体は原《もと》これかくのごとし。今もし宗旨を知〔得〕る時は、すなはち両箇と説くも亦た妨《さまた》げず。亦た只だこれ一箇のみ。もし宗旨を会《え》せずんば、便ち一箇と説くも亦た甚事《なにごと》を済《な》〔得〕さん。只だこれ間説話《かんせつわ》のみ」。

◎『大学』の格物について（一）

⑥　愛問ふ、「昨《きのう》先生の至善に止まるの教を聞いて、已に功夫に力を用ふる処あることを覚《おぼ》ゆ。但だ朱子の格物の訓《おしえ》とは、これを思ふに終《つい》に合すること能はず」。先生曰く、「格物とはこれ至善に止まるの功なり。既に至善を知ればすなはち格物を知るなり」。愛曰く、「昨先生の教を以てこれを格物の説に推すに、亦た大略を見〔得〕るに似たり。但だ朱子の訓は、その書の精一、論語の博約《はくやく》、孟子の尽心知性において、皆な証拠する所あり。これを以て未だ釈然たること能はず」。先生曰く、「『子夏《しか》は篤《あつ》く聖人を信じ、曽子《そうし》は反《かえ》つて諸を己に求む』と。篤く信ずるは固《もと》より亦た是なり。然れども反求するの切《せつ》なるに如《し》かず。今既に心に得ざれば、安《いずく》んぞ旧聞に狃《な》れ是当を求めざるべけんや。就《すなわ》ち朱子のごときも、亦た程子を尊信するも、その心に得ざる処に至りては、亦た何ぞ嘗て苟従《こうじゅう》せん。精一・博約・尽心は、本自《もとおのずか》ら吾が説と脗合《ふんごう》す。但だ未だこれを思はざるのみ。朱子の格物の訓は、未だ牽合《けんごう》附《ふ》会《かい》を免れずして、その本旨にあらず。精はこれ一の功にして、博はこれ約の功なり。曰仁《えつじん》、既に知行合一の説を明かにす、これ一言にして喩るべし。『心を尽し、性を知

り、天を知る』とは、これ生知安行の事なり。『心を存し、性を養ひ、天に事ふ』とは、これ学知利行の事なり。『夭寿《ようじゅ》もて弐にせず、身を修めて以て俟《ま》つ』とは、これ困知勉行の事なり。朱子は格物を錯《あやま》り訓じ、只だこの意を倒《さかしま》に看〔了〕るがために、『心を尽し、性を知る』を以て、『物格《ものいた》り知至《ちいた》る』と為し、初学に便ち生知安行の事を做《な》し去《ゆ》くことを要《もと》むるも、如何ぞ做《な》〔得〕さん」。愛問ふ、「『心を尽し、性を知る』は、何を以て生知安行と為すか」。先生曰く、「性はこれ心の体、天はこれ性の原《もと》なり。『心を尽す』とは、すなはちこれ性を尽すなり。『惟だ天下の至誠のみ、能くその性を尽し、天地の化育を知ると為す』と。『心を存す』とは、心未だ尽さざることあるなり。『天を知る』とは、知州・知県の知のごとく、これ自己分上《じこぶんじょう》の事にして、已に天と一たり。『天に事ふる』とは、子の父に事へ、臣の君に事ふるがごとし。須くこれ恭敬奉承すべく、然る後に能く失ふことなく、尚ほ天と二たり。これ便ちこれ聖賢の別なり。『夭寿もてその心を弐にせず』に至りては、すなはちこれ学者をして心を一にして善を為し、窮通夭寿の故《こと》を以て、便ち善を為すの心を把《と》つて変動〔了〕すべからざらしめ、只だ身を修め〔去〕て以て命を俟《ま》ち、窮通寿夭は箇《こ》の命の我に在るあるを見〔得〕て、亦た必ずしもこれを以て心を動かさざらしむ。『天に事ふる』とは、天と二たりと雖も、已に自《みずか》ら箇の天の面前に在るを見〔得〕る。『命を俟つ』とは、便ちこれ未だ曽て面を見ず、ここに在りて等候《とうこう》すると相似たり。これ便ちこれ初学心を立つるの始めにして、箇《こ》の困勉の意の在るあり。いま却つて倒《さかしま》に做《な》し了《おわ》る。所以《ゆえ》に学者をして下手の処なからしむ」。愛曰く、「昨先生の教を聞いて、亦た影影《えいえい》に功夫は、須《すべから》くこれかくのごとくなるべきことを見〔得〕る。今この説を聞いて、益々疑ふべきなし。愛昨暁思《さくぎょうおも》へり、『格物の物の字は、すなはちこれ事の字にして、皆な心上より説く』と。先生曰く、「然り、身の主宰は便ちこれ心、心の発する所は便ちこれ意、意の本体は便ちこれ知、意の在る所は便ちこれ物なり。意、親に事ふるに在るがごときは、すなはち親に事ふること、便ちこれ一物。意、君に事ふるに在りては、すなはち君に事ふること、便ちこれ一物。意、民を仁し物を愛するに在りては、すなはち民を仁し物を愛すること、便ちこれ一物。意、視聴言動に在りては、すなはち視聴言動すること、便ちこれ一物なり。所《ゆ》以《え》に某説く、『心外の理なく、心外の物なし』と。中庸に言ふ、『誠あらざれば物なし』と。大学の『明徳を明かにする』の功は、只だこれ箇《こ》の誠意にして、誠意の功は、只だこれ箇の格物なり」。

◎『大学』の格物について（二）

⑦　先生また曰く、「格物は孟子の『大人は君心を格《ただ》す』の格のごとし。これその心の正しからざるを去り、以てその本体の正を全うするなり。但だ意念の在る所、すなわちその不正を去りて以てその正を全うするを要す。すなわち時となく処となく、これ天理を存せざらんや。すなわちこれ窮理なり。天理はすなわちこれ明徳なり。窮理はすなわちこれ明徳を明かにするなり」。

◎致知についての教説である。

⑧　また曰く、「知はこれ心の本体にして、心は自然に知ることを会《え》す。父を見ては自然に孝を知り、兄を見ては自然に弟を知り、孺子《じゅし》の井に入《お》ちんとするを見ては自然に惻隠を知る。これ便ちこれ良知にして、外に求むることを仮《か》らず。もし良知の発にして、更に私意の障碍《しょうがい》なければ、すなわちいはゆるその惻隠の心を充《み》てば、仁勝《あ》げて用ふべからざるなり。

然れども常人に在りては私意の障碍なきこと能はず。所以《ゆえ》に須く致知格物の功を用ひ、私に勝ち理に復《かえ》るべし。すなはち心の良知更に障碍なく、以て充塞流行《じゅうそくりゅうこう》することを得。便ちこれその知を致すなり。知致《いた》ればすなはち意誠《まこと》なり」。

◎博文約礼についての陽明の考えである。

⑨　愛問ふ、「先生は博文を以て約礼の功夫と為す。深くこれを思へども、未だ略を得ること能はず。請ふ開示せよ」。先生曰く、「礼の字はすなはちこれ理の字なり。理の発見《はつげん》して見るべきもの、これを文と謂ひ、文の隠微《いんび》にして見るべからざるもの、これを理と謂ふ。只だこれ一物なり。約礼とは、只だこれこの心の純《もっぱ》らこれ一箇の天理ならんことを要《もと》むるなり。この心の純らこれ天理ならんことを要《もと》めば、須く理の発見する処に就いて功を用ふべし。親に事ふるに発見する時のごときは、親に事ふる上に就在してこの天理を存することを学び、君に事ふるに発見する時は、君に事ふる上に就在してこの天理を存することを学び、富貴貧賤に処するに発見する時は富貴貧賤に処する上に就在してこの天理を存することを学び、患難夷狄に処するに発見する時は、患難夷狄に処する上に就在してこの天理

を存することを学ぶ。作止語黙《さしごもく》に至るまで処として然らざることなく、他の発見する処に随つて、すなはち那《か》の上面に就いて箇《こ》の天理を存することを学ぶ。這れ便ちこれ博くこれを文に学ぶなり。便ちこれ約礼の功夫なり。博文はすなはちこれ『惟《こ》れ精《せい》』にして、約礼はすなはちこれ『惟れ一』なり」。

◎道心と人心についての陽明の考えが記されている。

⑩　愛問ふ、『道心常に一身の主となりて、人心毎《つね》に命を聴く』と。先生の精一の訓《おしえ》を以てこれを推すに、この語は弊あるに似たり」。先生曰く、「然り、心は一なり。未だ人を雑《まじ》へざるとき、これを道心と謂ひ、雑《まじ》ふるに人偽《※じんぎ》を以てするとき、これを人心と謂ふ。人心のその正を得るものはすなはち道心にして、道心のその正を失ふものはすなはち人心なり。初めより二心あるにあらざるなり。程子謂ふ、『人心はすなはち人欲、道心はすなはち天理』と。語は分析するがごとくにして、意は実にこれを得たり。今『道心主となりて、人心命を聴く』と曰はば、これ二心なり。天理と人欲とは並び立たず。安んぞ天理主となりて、人欲また従ひて命を聴くことあらんや」。

余説

人偽＝底本、明徳出版社「王陽明全集、第一巻、語録」頭注（九六頁）に、人為と人偽の正誤を詳説して、「施邦曜本などは人為の字に作るが、文成万松書院記には偽の字が見える。『人偽に作るを正となす』」と、佐藤一斎は指摘している。すなわち、人偽の字が定説である。（中田）

◎聖人が六経《りくけい》を述べる目的についての陽明の見解である。

⑪ 愛、文中子《ぶんちゅうし》・韓退之《かんたいし》を問ふ。先生曰く、「退之は文人の雄のみ。文中子は賢儒なり。後人徒らに文詞の故を以て退之を推尊す。その実は退之の文中子を去るや、遠きこと甚し。」愛問ふ、「何を以てか経に擬《けいぎ》するの失ある。」先生曰く、「経に擬するは、恐らくは未だ尽くは非とすべからず。且《しばら》く説け、後世の儒者の著述の意と経に擬すると如何。」愛曰く、「世儒の著述は、名に近づくの意なくんばあらず。然れども以て道を明かにするを期す。経に擬するは、純《もつぱ》ら名のためにするがごとし。」先生曰く、「著述して以て道を明かにするは、亦た何《いずれ》に効《なら》ひ法《のつと》る所ぞ。」曰く、「孔子六経を刪述《さんじゅつ》して以て道を明かにするなり。」先生曰く、「然らばすなはち経に擬するは、独り孔子に効ひ法るにあらざるか。」愛曰く、

「著述はすなはち道において発明する所あれども、経に擬するは徒らにその迹《あと》に擬するに似たり。恐らくは道において補ふところなけん。」先生曰く、「子《し》は、道を明かにすとは、それをして朴《ぼく》に反《かえ》り淳《じゅん》に還《かえ》りて諸《これ》を行事《こうじ》の実に見《あら》はさしむると以《おも》へるか。抑々《そもそも》将《は》たその言辞を実にして徒らに以て世に譊譊《どうどう》するとなすか。天下の大乱は虚文勝つて実行衰ふるに由るなり。道をして天下に明かならしめば、すなはち六経は必ずしも述刪《じゅつさん》せじ。六経を述べしは、孔子已《や》むことを得ざりしなり。伏羲《ふくぎ》卦《か》を画《かく》してより文王・周公に至るまで、その間に易《えき》を云ふもの、連山《れんざん》・帰蔵《きぞう》の属《たぐい》のごとき、紛紛籍籍《ふんぷんせきせき》、その幾《いくば》くなるかを知らず、易道大いに乱る。孔子は天下文を好むの風の日に盛なるを以て、その説の将《まさ》に紀《き》極なからんとするを知り、ここにおいて文王・周公の説を取りてこれを賛《さん》し、以為《おも》へらく、惟だこれその宗を得たりと為すと。ここにおいて紛紛の説尽く廃《すた》れて、天下の易《えき》を言ふもの始めて一なり。書・詩・礼・楽《がく》・春秋も皆な然り。書は典謨《ぼ》より以後、詩は二南より以降、九丘《きゅうきゅう》、八索《はっさく》のごとき、一切淫哇逸蕩《いんあいっとう》の詞、蓋しその幾千百篇なるかを知らず。礼楽の名物度数《めいぶつどすう》も、ここに至りて亦た勝《あ》げて窮むべからず。孔子皆な刪削《さんさく》してこれを述正《じゅつせい》し、然る後にその説始めて廃《すた》る。書・詩・礼・楽中のごとき、孔子何ぞ嘗て一語を加へん。今の礼記《らいき》の諸説は、皆な後儒附会して成すのみ、孔子の旧にあらず。春秋に至りては、孔子これを作ると称すと雖も、その実は皆な魯史《ろし》の旧文にして、いはゆる筆《ひつ》すとはその旧を筆し、いはゆる削るとはその繁《はん》を削るなり。これ減《へら》すことありて増すことなし。孔子の六経を述ぶるは、繁文の天下を乱さんことを懼《おそ》れ、惟だこれを簡にせんとして得ず、天下をして務めてその文を去りて以てその実を求めしむるなり。文を以てこれを教ふるにあらざるなり。春秋以後、繁文益々盛んにして、天下益々乱る。始皇の書を焚《や》いて罪を得たるは、これ私意に出づればなり。また六経を焚く合《べ》からず。もし当時志《こころざし》道を明かにするに在りて、その諸々《もろもろ》の経に反《そむ》き理に叛《そむ》くの説を悉《ことごと》く取りてこれを焚かば、亦た正《まさ》に暗に刪述《さんじゅつ》の意に合せん。秦漢より以降、文また日に盛んなり。もし尽くこれを去らんと欲するも、断じて去ること能はず。只だ宜しく法を孔子に取り、その是に近きものを録してこれを表章《ひょうしょう》すべし。すなはちその諸々の怪悖《かいはい》の説は、亦た宜しく漸漸《ぜんぜん》に自《おのずか》ら廃《すた》るべし。文中子が当時経に擬《ぎ》するの意如何を知らざれども、某《それがし》切に深くその事に取るところあり。以《お》為《も》へらく、聖人復た起《おこ》るとも易《か》ふる能はじと。天下の治まらざる所以は、只だ文《ぶん》盛んにして実衰へ、人己が見を出して新奇相高ぶり、以て俗を眩《まど》はして誉《ほまれ》を取り、徒らに以て天下の聡明を乱し、天下の耳目を塗《ふさ》ぎ、天下をして靡然《ひぜん》として争ひ務めて文詞を修飾し、以て世に知られんことを求め、而して復《ま》た本《もと》を敦《あつ》くし実を尚《とうと》び朴に反《かえ》り淳に還るの行あることを知らざらしむるに因る。これ皆な著述なるもの以てこれを啓《ひら》くことあるなり。」愛曰く、「著述も亦た欠くべからざるものあらん。春秋の一経のごときは、もし左伝《さでん》なくんは、恐らくは亦た暁《さと》り難からん。」先生曰く、「春秋は必ず伝《でん》を待つて後に明かなりとせば、これ歇後《けつご》の謎語《めいご》なり。聖人何を苦しんでこの艱深隠晦《かんしんいんかい》の詞を為さん。左伝は多くはこれ魯史《ろし》の旧文ならん。もし春秋はこれを須《ま》つて後に明かなりとせば、孔子何ぞ必ずしもこれを削らんや。」愛曰く、「伊川《いせん》も亦た云《い》へり、『伝《でん》はこれ案《あん》にして、経《けい》はこれ断《だん》なり』と。某君《ぼうくん》を弑《しい》し、某国《ぼうこく》を伐《う》つと書するがごときは、もしその事を明かにせずんば、恐らくは亦た断じ難からん。」先生曰く、「伊川のこの言は、恐らくは亦たこれ世儒の説に相沿《そ》ひ、未だ聖人経を作るの意を得ず。君を弑すと書するがごときは、すなはち君を弑する、便ちこれ罪なり。何ぞ必ずしも更にその君を弑するの詳を問はん。征伐は当に天子より出づべし。国を伐つと書するは、すなはち国を伐つ、便ちこれ罪なり。何ぞ必ずしも更にその国を伐つの詳を問はん。聖人の六経を述ぶるは、只だこれ人心を正さんことを要《もと》む。只だこれ天理を存して人欲を去らんことを要《もと》む。天理を存して人欲を去るの事においては、すなはち嘗てこれを言へり。或は人の請問するに因り、各々分量に随ひて説き、亦た肯《あえ》て多く道《い》はず。人の専らこれを言語に求めんことを恐る。故に曰く、『予、言ふことなからんと欲す』と。もしこれ一切の人欲を縦《ほしいまま》にし天理を滅するの事は、また安んぞ肯て詳らかに以て人に示さん。これ乱を長じ、奸《かん》を導くなり。故に孟子云《い》ふ、『仲尼《ちゅうじ》の門、桓・文の事を道《い》ふ者なし。ここを以て後世伝ふるなし』と。これ便ちこれ孔門の家法なり。世儒は只だ一箇の伯《は》者の学問を講得す。所《ゆ》以《え》に許多の陰謀詭計を知得するを要《もと》む。純《もっぱ》らこれ一片《ぺん》の功利《こうり》の心にして、聖人経を作るの意思と正に相反すれば、如何ぞ思量し得《え》通ぜん。」因つて嘆じて曰く、「これ天徳に達せる者にあらざれは、未だ与《とも》にこれ言ひ易《やす》からず。」また曰く、「孔子云《い》ふ、『吾猶ほ史の闕文《けつぶん》に及べり』と。孟子云《い》ふ、『尽く書《しょ》を信ぜば書なきに如かず。吾武成《ぶせい》において二三策《さく》を取るのみ』と。孔子の書を删るや、唐《とう》・虞《ぐ》・夏《か》四五百年の間において数篇に過ぎず。豈に更に一事なからんや。而も述ぶる所ここに止まる。聖人の意、知るべきなり。聖人は只だこれ繁文を删去《さんきょ》せんことを要《もと》め、後儒は却つて只だ添上《てんじょう》せんことを要《もと》む。」愛曰く、「聖人の経を作るは、只だこれ人欲を去り天理を存することを要《もと》め、五伯《は》以下の事のごときは、聖人詳らかに以て人に示すことを欲せざるは、すなはち誠に然り。堯・舜以前の事のごときに至りては、如何ぞ略して少しも見《しめ》さざるか。」先生曰く、「羲・黄の世はその事濶疎《かつそ》にして、これを伝ふる者鮮《すくな》し。これ亦た以てその時の全くこれ淳龐朴素《じゅんろうぼくそ》にして、略々《ほぼ》文采なきの気象を想見すべし。これ便ちこれ太古の治にして、後世の及ぶべきにあらず。」愛曰く、

「三墳《さんぷん》の類のごとき、また伝はるものあらん。孔子何を以てかこれを刪れる。」先生曰く、「縦《たと》ひ伝はるものあるも、亦た世変において漸《ようや》く宜しき所にあらず。風気益々開け、文采日に勝ち、周末に至りては変ずるに夏《か》・商《しょう》の俗を以てせんと欲すと雖も、已に挽《ばん》すべからず。況んや唐《とう》・虞《ぐ》をや。また況んや羲《ぎ》・黄《こう》の世をや。然れどもその治同じからざるも、その道はすなはち一なり。孔子、堯《ぎょう》・舜《しゅん》においてはすなはちこれを祖述《そじゅつ》し、文・武においてはすなはちこれを憲章《けんしょう》す。文・武の法はすなはちこれ堯《ぎょう》・舜《しゅん》の道なり。但だ時に因りて治を致し、その設施政令《せつしせいれい》は已に自《おのずか》ら同じからず。すなはち夏・商の事業は、これを周に施して、已に合《あ》はざるところあり。故に周公は三王を兼ねんことを思ひ、その合はざるところあれば、仰いでこれを思ひ、夜以て日に継ぐ。況んや太古の治は、豈に復た能く行はれんや。斯れ固《もと》より聖人の略すべき所なり。」また曰く、「専《もっぱ》ら無為《むい》を事とし、三王の時に因りて治を致すがごときこと能はずして、而も必ず行ふに太古の俗を以てせんと欲するは、すなはちこれ仏老《ぶつろう》の学術なり。時に因りて治を致し、三王の一に道に本づくがごときこと能はずして、而も功利《こうり》の心を以てこれを行ふは、すなはちこれ伯者《はしゃ》以下の事業なり。後世の儒者、許多講じ来たり講じ去《ゆ》き、只だこれ箇の伯術《はじゅつ》を講得するのみ。」

◎三代の政治が模範であることが記されている。

⑫　また曰く、「唐《とう》・虞《ぐ》以上の治は、後世復すべからず。これを略して可なり。三代以下の治は、後世法《のっと》るべからず。これを削《けず》って可なり。惟だ三代の治は行ふべし。然而《しかれども》世の三代を論ずる者《もの》、その本を明らかにせずして、徒《いたず》らにその末を事とす。すなはち亦た復すべからず。」

◎『易経、書経、詩経、礼記、楽記』の五経同様、『春秋』も史であり、経であると、陽明が教えるところである。

⑬　愛曰く、「先儒、六経を論じて、春秋を以て史と為す。史は専《もっぱ》ら事を記《しる》す。恐らくは五経の事体と終に或は稍々《やや》異ならん。」先生曰く、「事を以て言へばこれを史と謂ひ、道を以て言へばこれを経と謂ふ。事はすなはち道、道はすなはち事なり。春秋も亦た経、五経も亦た史なり。易《えき》はこれ包《ほう》犧氏の史、書はこれ堯・舜以下の史、〔詩・〕礼・楽はこれ三代

の史なり。その事同じく、その道も同じ。安んぞいはゆる異なるものあらんや。」

◎十四条は詩経についての陽明先生の見解である。

◇を附し一字下げた低書の条文は、徐愛の録した十四条（初編『伝習録』の「後書き」〔跋文〕）である。先生の学が、儒学の正統であるとして、陽明の学問に歓喜している有様を記している。

⑭　また曰く、「五経も亦た只だこれ史なり。史は以て善悪を明かにし訓戒《くんかい》を示す。善の訓《おしえ》と為すべきものは、特《ただ》にその迹を存して以て法を示し、悪の戒と為すべきものは、その戒を存してその事を削《けず》り、以て奸を杜《ふさ》ぐ。」愛曰く、「『その迹を存して以て法を示す』とは、亦たこれ天理の本然を存し、『その事を削りて以て奸を杜《ふさ》ぐ』とは、亦たこれ人欲を将に萌《きざ》さんとするに遏《とど》むる〔謂《いい》なり〕や否や。」先生曰く、「聖人の経を作るは、固《もと》よりこれこの意にあらざるなし。然《しか》れどもまた必ずしも文句に泥《なず》〔着〕まざれ。」愛また問ふ、「『悪の戒と為すべきものは、その戒を存してその事を削《けず》り、以て奸を杜《ふさ》ぐ』と。何ぞ独り詩において鄭《てい》・衛《えい》を刪らざるか。先儒謂ふ、『悪なるものは以て人の逸志《いつし》を懲創《ちょうそう》すべし』と。

然《しか》るや否や。」先生曰く、「詩は孔門の旧本にあらざるなり。孔子云ふ、『鄭声を放つ、鄭声は淫なり』と。また曰く、『鄭声の雅楽を乱すを悪む』『鄭・衛の音は亡国の音なり』と。これはこれ孔門の家法なり。孔子の定むるところの三百篇は、皆ないはゆる雅楽なり。皆なこれを郊廟《こうびょう》に奏し、これを郷党《きょうとう》に奏すべし。皆な宣暢和平《せんちょうわへい》、徳性を涵泳《かんえい》し、風を移し俗を易《か》ふる所以なり。安んぞこれはこれ淫を長じ奸を導く〔ものなること〕あるを得ん。これ必ず秦火の後、世儒の附会して以て三百篇の数に足《た》ししならん。蓋《けだ》し淫泆《いんいつ》の詞は、世俗の多く喜び伝ふる所、如今《いま》閭巷《りょこう》皆な然り。『悪なるものは以て人の逸志《いつし》を懲創《ちょうそう》すべし』とは、これその説を求めて得ず、従ってこれが辞《じ》を為すなり。」

　愛、旧説に汨没《こつぼつ》せしに因り、始めて先生の教を聞き、実にこれ駭愕《がいがく》して定まらず、入頭《にゅうとう》の処なし。その後これを聞くこと既に久しくして、漸く身に反りて実践することを知り、然る後に始めて先生の学は孔門の嫡伝たり、これを舎《お》いては皆な傍蹊小径《ぼうけいしょうけい》、断港絶河《だんこうぜつか》なるを信ず。「格物」はこれ「誠意」の工夫、「明善」はこれ「誠身」の工夫、「窮理」はこれ「尽性」の工夫、「問学に道《よ》る」はこれ「徳性を尊ぶ」の工夫、「博文」はこれ「約礼」の工夫、「惟精《これせい》」はこれ「惟《これ》一」の工夫なりと説くがごとき、諸々のかくのごときの類、始めは皆な落落《らくらく》として合《あ》ひ難かりしも、その後これを思ふこと既に久しくして、手の舞ひ足の蹈むを覚えず。

右、曰仁《えつじん》の録する所。

余説

『伝習録』＝『王文成公全書』に載せる語録（伝習録）は上巻は百三十条の条文にして初めに初編『伝習録』（曰仁、録）十四条を配し、凡て百三十条であり、中巻は答問書九編、下巻は百四十二条の条文を載せ、附編として、陽明による『朱子晩年定論』を載せている。

…平成二十年三月二十一日（金)、私（中田）が嘗て旧訳（未発表）の『伝習録』（上・中・下）三巻の原稿〔書き下し文（文語文)〕を篋底《きょうてい》より取り出し、その内の上巻に見える初編『伝習録』（曰仁、編）がこれである。（中田）

王文成公全書卷之一　語錄　一

傳習錄　上

先生於大學格物諸說。悉以舊本爲正。蓋先儒所謂誤本者也。愛始聞而駭。旣而疑。已而殫精竭思。參互錯縱。以質於先生。然後知先生之說。若水之寒。若火之熱。斷斷乎。百世以俟聖人而不惑者也。先生。明睿。天授。然和樂坦易。不事邊幅。人見其少時豪邁不羈。又嘗泛濫於詞章。出入二氏之學。驟聞是說。皆目以爲立異好奇。漫不省究。不知先生居夷三載。處困養靜。精一之功。固已超入聖域。粹然大中至正之歸矣。

愛朝夕炙門下但見先生之道。卽之若易。而仰之愈高。見之若粗。而探之愈精。就之若近。而造之愈益無窮。十餘年來。竟未能窺其藩籬。世之君子。或與先生僅交一面。或猶未聞其謦欬。或先懷忽易憤激之心。而遽欲於立談之閒。傳聞之說。臆斷懸度。如之何其可得也。

從遊之士。聞先生之敎。往往得一而遺二。見其牝牡驪黃。而棄其所謂千里者。故愛備錄平日之所聞。私以示夫同志。相與考而正之。庶無負先生之敎云。門人徐愛書。

1　愛問。在親民。朱子謂。當作新民。後章作新民之文。似亦有據。先生以爲。宜徒舊本作親民。亦有所據否。先生曰。作新民之新。是自新之民。與在新民之新不同。此豈足爲據。作字却與親字相對。然非親字義。下面治國平天下處。皆於新字無發明。如云君子賢其賢。而親其親。小人樂其樂。而利其利。如保赤子。民之所好好之。民之所惡惡之。此之謂民之父母之類。皆是親字意。親民猶孟子親親。仁民之謂。親之卽仁之也。百姓不親。舜。使契爲司徒。敬敷五敎。所以親之也。堯典克明峻德。便是明明德。以親九族。至平章協和。便是親民。便是明明德於天下又如孔子言修己以安百姓。修己。便是明明德。安百姓。便是親民。說親民。便是兼敎養意。說新民。便覺偏了。

2　愛問。知止而後有定。朱子以爲。事事物物。皆有定理。似與先生之說相戾。先生曰。於事事物物上求至善。却是義外也。至善是心之本體。只是明明德。到至精至一處便是。然亦未嘗離却事物。本註所謂盡夫天理之極。而無一毫人欲之私者。得之。

3　愛問。至善只求諸心。恐於天下事理有不能盡。先生曰。心卽理也。天下又有心外之事。心外之理乎。愛曰。如事父之孝。事君之忠。交友之信。治民之仁。其閒有許多理在。恐亦不可不察。先生嘆曰。此說之蔽久矣。豈一語所能悟。今姑就所問者言之。且如事父。不成去父上求箇孝的理。事君。不成去君上求箇忠的理。交友治民。不成去友上民上求箇信與仁的理。都只在此心。心卽理也。

此心無私欲之蔽。卽是天理。不須外面添一分。以此純乎天理之心。發之事父便是孝。發之事君便是忠。發之交友治民便是信與仁。只在此心去人欲存天理上用功。便是。愛曰。聞先生如此說。愛已覺有省悟處。但舊說纏於胸中。尙有未脫然者。如事父一事。其閒溫凊定省之類。有許多節目。不亦須講求否。先生曰。如何不講求。只是有箇頭腦。只是就此心去人欲存天理上講求。就如講求冬溫。也只是要盡此心之孝。恐怕有一毫人欲閒雜。講求夏凊。也只是要盡此心之孝。恐怕有一毫人欲閒雜。只是講求得此心。此心若無人欲。純是天理。是箇誠於孝親的心。冬時自然思量父母的寒。便自要去求箇溫的道理。夏時自然思量父的熱。便自要去求箇凊的道理。這都是那誠孝的心發出來的條件。却是須有這誠孝的心。然後有這條件發出來。譬之樹木。這誠孝的心。便是根。許多條件。便是枝葉。須先有根。然後有枝葉。不是先尋了枝葉。然後去種根。禮記言。孝子之有深愛者必有和氣。有和氣者必有愉色。有愉色者必有婉容。須是有箇深愛做根。便自然如此。

4 鄭朝朔問。至善亦須有從事物上求者。先生曰。至善。只是此心純乎天理之極便是。更於事物上怎生求。且試說幾件。看。朝朔曰。且如事親。如何而爲溫凊之節。如何而爲奉養之宜。須求箇是當。方是至善。所以有學問思辯之功。先生曰。若只是溫凊之節。奉養之宜。可一日二日講之而盡。用得甚學問思辯。惟於溫凊時。也只要此心純乎天理之極。奉養時。也只要此心純乎天理之極。此則非有學問思辯之功。將不免於毫釐千里之繆。所以雖在聖人。猶加精一之訓。若只是那些儀節求得是當。便謂至善。卽如今扮戲子。扮得許多溫凊奉養的儀節是當。亦可謂之至善矣。愛。於是日又有省。

5 愛。因未會先生知行合一之訓。與宗賢惟賢往復辯論未能決。以問先生。先生曰。試擧。看。愛曰。如今。人儘有知得父當孝。兄當弟者。却不能孝。不能弟。便是知與行。分明是兩件。先生曰。此已被私欲隔斷。不是知行的本體了。未有知而不行者。知而不行。只是未知。聖賢教人。知行正是要復那本體。不是着儞只恁的便罷。故大學指箇眞知行。與人看。說如好好色。如惡惡臭。見好色屬知。好好色屬行。只見那好色時已自好了。不是見了後又立箇心去好。聞惡臭屬知。惡惡臭屬行。只聞那惡臭時已自惡了。不是聞了後別立箇心去惡。如鼻塞人。雖見惡臭在前。鼻中不曾聞得。便亦不甚惡。亦只是不曾知臭。就如稱某人知孝。某人知弟。必是其人已曾行孝行弟。方可稱他知孝知弟。不成只是曉得說些孝弟的話。便可稱爲知孝弟。又如知痛。必已自痛了方知痛。知寒。必已自寒了。

知饑。必已自饑了。知行如何分得開。此便是知行的本體。不曾有私意隔斷的。聖人教人。必要是如此。方可謂之知。不然只是不曾知。此却是何等緊切着實的工夫。如今苦苦定要說知行做兩箇。是甚麼意。某要說做一箇。是甚麼意。若不知立言宗旨。只管說一箇兩箇。亦有甚用。愛曰。古人說知行做兩箇。亦是要人見箇分曉。一行做知的功夫。一行做行的功夫。卽功夫始有下落。先生曰。此却失了古人宗旨也。某嘗說。知是行的主意。行是知的功夫。知是行之始。行是知之成。若會得時。只說一箇知。已自有行在。只說一箇行。已自有知在。古人所以旣說一箇知。又說一箇行者。只爲世間有一種人。懵懵懂懂的任意去做。全不解思惟省察。也只是箇冥行妄作。所以必說箇知。方纔行得是。又有一種人。茫茫蕩蕩懸空去思索。全不肯着實躬行。也只是箇揣摸影響。所以必說一箇行。方纔知得眞。此是古人不得已補偏救弊的說話。若見得這箇意時。卽一言而足。今人却就將知行分作兩件去做。以爲。必先知了然後能行。我如今且去講習討論。做知的工夫。待知得眞了。方去做行的工夫。故遂終身不行。亦遂終身不知。此不是小病痛。其來已非一日矣。某今說箇知行合一。正是對病的藥。又不是某鑿空杜撰。知行本體原是如此。今若知得宗旨時。卽說兩箇亦不妨。亦只是一箇。若不會宗旨。便說一箇亦濟得甚事。只是閒說話。

6　愛問。昨聞先生止至善之教。已覺功夫有用力處。但與朱子格物之訓。思之終不能合。先生曰。格物是止至善之功。旣知至善卽知格物矣。愛曰。昨以先生之教推之格物之說。似亦見得大略。但朱子之訓。其於書之精一。論語之博約。孟子之盡心知性。皆有所證據。以是未能釋然。先生曰。子夏篤信聖人。曾子反求諸己。篤信固亦是。然不如反求之切。今旣不得於心。安可狃於舊聞不求是當。就如朱子。亦尊信程子。至其不得於心處。亦何嘗苟從。精一博約盡心。本自與吾說脗合。但未之思耳。朱子格物之訓。未免牽合附會。非其本旨。精是一之功。博是約之功。曰仁。旣明知行合一之說。此可一言而喩。盡心。知性。知天。是生知安行事。存心。養性。事天。是學知利行事。夭壽不貳。修身以俟。是困知勉行事。朱子錯訓格物。只爲倒看了此意。以盡心。知性。爲物格知至。要初學便去做生知安行事。如何做得。愛問。盡心。知性。何以爲生知安行。先生曰。性是心之體。天是性之原。盡心。卽是盡性。惟天下至誠。爲能盡其性。知天地之化育。存心者。心有未盡也。知天如知州知縣之知。是自己分上事。已與天爲一。事天。如子之事父。臣之事君。須是恭敬奉承。然後能無失。尙與天爲二。此便是聖賢之別。至於夭壽不貳其心。乃是教學者一心爲善。不可以窮通夭壽之故。便把爲善的心變動了。只去修身以俟命。見得窮通壽夭有箇命在我。亦不必以此動心。事天。雖與天爲二。已自見得箇天在面前。俟命。便是未曾見面。在此等候相似。此便是初學立心之始。有箇困勉的意在。今却倒做了。所以使學者無下手處。愛曰。昨聞先生之教。亦影影見得功夫須是如此。今聞此說。益無可疑。愛昨曉思。格物的物字。卽是事字。皆從心上說。先生曰。然。身之主宰便是心。心之所發便是意。意之本體便是知。意之所在便是物。如意。在於事親。卽事親。便是一物。意。在於事君。卽事君。便是一物。意。在於仁民愛物。卽仁民愛物。便是一物。意。在於視聽言動。卽視聽言動。便是一物。所以某說。無心外之理。無心外之物。中庸言。不誠無物。大學明明德之功。只是箇誠意。誠意之功。只是箇格物。

7　先生又曰。格物如孟子大人格君心之格。是去其心之不正。以全其本體之正。但意念所在。卽要去其不正以全其正。卽無時無處。不是存天理。卽是窮理。天理卽是明德。窮理卽是明明德。

8　又曰。知是心之本體。心自然會知。見父自然知孝。見兄自然知弟。見孺子入井自然知惻隱。此便是良知。不假外求。若良知之發。更無私意障礙。卽所謂充其惻隱之心。而仁不可勝用矣。然在常人不能無私意障礙。所以須用致知格物之功。勝私復理。卽心之良知更無障礙。得以充塞流行。便是致其知。知致則意誠。

9　愛問。先生以博文爲約禮功夫。深思之。未能得略。請開示。先生曰。禮字卽是理字。理之發見可見者。謂之文。文之隱微不可見者。謂之理。只是一物。約禮。只是要此心純是一箇天理。要此心純是天理。須就理之發見處用功。如發見於事親時。就在事親上學存此天理。發見於事君時。就在事君上學存此天理。發見於處富貴貧賤時。就在處富貴貧賤上學存此天理。發見於處患難夷狄時。就在處患難夷狄上學存此天理。至於作止語默無處不然。隨他發見處。卽就那上面學箇存天理。這便是博學之於文。便是約禮的功夫。博文卽是惟精。約禮卽是惟一。

10　愛問。道心常爲一身之主。而人心每聽命。以先生精一之訓推之。此語似有弊。先生曰。然。心一也。未雜於人。謂之道心。雜以人僞。謂之人心。人心之得其正者卽道心。道心之失其正者卽人心。初非有二心也。程子謂。人心卽人欲。道心卽天理。語若分析。而意實得之。今曰道心爲主。而人心聽命。是二心也。天理人欲不竝立。安有天理爲主。人欲又從而聽命者。

11　愛、問文中子韓退之。先生曰。退之文人之雄耳。文中子賢儒也。後人徒以文詞之故推尊退之。其實退之去文中子。遠甚。愛問。何以有擬經之失。先生曰。擬經。恐未可盡非。且說。後世儒者著述之意與擬經如何。愛曰。世儒著述。近名之意不無。然期以明道。擬經。純若爲名。先生曰。著述以明道。亦何所效法。曰。孔子刪述六經以明道也。先生曰。然則擬經。獨非效法孔子乎。愛曰。著述即於道有所發明。擬經以徒擬其迹。恐於道無補。先生曰。子。以明道者。使其反朴還淳而見諸行事之實乎。抑將美其言辭而徒以譊譊於世也。天下之大亂由虛文勝而實行衰也。使道明於天下。則六經不必述刪。述六經。孔子不得已也。自伏羲畫卦至於文王周公。其閒言易。如連山歸藏之屬。紛紛籍籍。不知其幾。易道大亂。孔子以天下好文之風日盛。知其說之將無紀極。於是取文王周公之說而贊之。以爲。惟此爲得其宗。於是紛紛之說盡廢。而天下之言易者始一。書詩禮樂春秋皆然。書自典謨以後。詩自二南以降。如九丘八索。一切淫哇逸蕩之詞。蓋不知其幾千百篇。禮樂之名物度數。至是亦不可勝窮。孔子皆刪削而述正之。然後其說始廢。如書詩禮樂中。孔子何嘗加一語。今之禮記諸說。皆後儒附會而成已。非孔子之舊。至於春秋。雖稱孔子作之。其實皆魯史舊文。所謂筆者筆其舊。所謂削者削其繁。是有減無增。孔子述六經。懼繁文之亂天下。惟簡之而不得。使天下務去其文以求其實。非以文教之也。春秋以後。繁文益盛。天下益亂。始皇焚書得罪。是出於私意。又不合焚六經。若當時志在明道。其諸反經叛理之說悉取而焚之。亦正暗合刪述之意。自秦漢以降。文又日盛。若欲盡去之。斷不能去。只宜取法孔子。錄其近是者而表章之。則其諸怪悖之說。亦宜漸漸自廢。不知文中子當時擬經之意如何。某切深有取於其事。以爲。聖人復起不能易也。天下所以不治。只因文盛實衰。人出己見新奇相高。以眩俗取譽。徒以亂天下之聰明。塗天下之耳目。使天下靡然爭務修飾文詞。以求知於世。而不復知有敦本尚實反朴還淳之行。是皆著述者有以啓之。愛曰。著述亦有不可缺者。如春秋一經。若無左傳。恐亦難曉。先生曰。春秋必待傳而後明。是歇後謎語矣。聖人何苦爲此艱深隱晦之詞。左傳多是魯史舊文。若春秋須此而後明。孔子何必削之。愛曰。伊川亦云。傳是案。經是斷。如書弒某君。伐某國。若不明其事。恐亦難斷。先生曰。伊川此言。恐亦是相沿世儒之說。未得聖人作經之意。如書弒君。即弒君。便是罪。何必更問其弒君之詳。征伐當自天子出。書伐國。即伐國。便是罪。何必更問其伐國之詳。聖人述六經。只是要正人心。只是要存天理去人欲。於存天理去人欲之事。則嘗言之。或因人請問。各隨分量而說。亦不肯多道。恐人專求之言語。故曰。予欲無言。若是一切縱人欲滅天理的事。又安肯詳以示人。是長亂。導奸也。故孟子云。仲尼之門。無道桓文之事者。是以後世無傳焉。此便是孔門家法。世儒只講得一箇伯者的學問。所以要知得許多陰謀詭計。純是一片功利的心。與聖人作經的意思正相反。如何思量得通。因嘆曰。此非達天德者。未易與言此也。又曰。孔子云。吾猶及史之闕文也。孟子云。盡信書不如無書。吾於武成取二三策而已。孔子刪書於唐虞夏四五百年閒不過數篇。豈更無一事。而所述止此。聖人之意。可知矣。聖人只是要刪去繁文。後儒却只要添上。愛曰。聖人作經。只是要去人欲存天理。如五伯以下事。聖人不欲詳以示人。則誠然矣。至如堯舜以前事。如何略不少見。先生曰。羲黃之世其事闊疏。傳之者鮮矣。此亦可以想見其時全是淳龐朴素。略無文采的氣象。此便是太古之治。非後世可及。愛曰。如三墳之類。亦有傳者。孔子何以刪之。先生曰。縱有傳者。亦於世變漸非所宜。風氣益開。文采日勝。至於周末雖欲變以夏商之俗。已不可挽。況唐虞乎。又況羲黃之世乎。然其治不同。其道則一。孔子。於堯舜則祖述之。於文武則憲章之。文武之法卽是堯舜之道。但因時致治。其設施政令已自不同。卽夏商事業。施之於周。已有不合。故周公思兼三王。其有不合。仰而思之。夜以繼日。況太古之治。豈復能行。斯固聖人之所可略也。又曰。專事無爲。不能如三王之因時致治。而必欲行以太古之俗。卽是佛老的學術。因時致治。不能如三王之一本於道。而以功利之心行之。卽是伯者以下事業。後世儒者。許多講來講去。只是講得箇伯術。

12　又曰。唐虞以上之治。後世不可復也。略之可也。三代以下之治。後世不可法也。削之可也。惟三代之治可行。然而世之論三代者。不明其本。而徒事其末。則亦不可復矣。

13　愛曰。先儒。論六經。以春秋爲史。史專記事。恐與五經事體終或稍異。先生曰。以事言謂之史。以道言謂之經。事卽道。道卽事。春秋亦經。五經亦史。易是包犧氏之史。書是堯舜以下史。禮樂是三代史。其事同。其道同。安有所謂異。

14　又曰。五經亦只是史。史以明善惡示訓戒。善可爲訓者。特存其迹以示法。惡可爲戒者。存其戒而削其事。以杜奸。愛曰。存其迹以示法。亦是存天理之本然。削其事以杜奸。亦是遏人欲於將萌否。先生曰。聖人作經。固無非是此意。然又不必泥着文句。愛又問。惡可爲戒者。存其戒而削其事。以杜奸。何獨於詩而不刪鄭衞。先儒謂。惡者可以懲創人之逸志。然否。先生曰。詩非孔門之舊本矣。孔子云。放鄭聲、鄭聲淫。又曰。惡鄭聲之亂雅樂也。

鄭衞之音亡國之音也。此是孔門家法。孔子所定三百篇。皆所謂雅樂。皆可奏之郊廟。奏之鄕黨。皆所以宣暢和平。涵泳德性。移風易俗。安得有此是長淫導奸矣。此必秦火之後。世儒附會以足三百篇之數。蓋淫泆之詞。世俗多所喜傳。如今閭巷皆然。惡者可以懲創人之逸志。是求其說而不得。從而爲之辭。

愛因舊說汨沒。始聞先生之敎。實是駭愕不定。無入頭處。其後聞之既久。漸知反身實踐。然後始信先生之學爲孔門嫡傳。舍是皆傍蹊小徑斷港絕河矣。如說格物是誠意的工夫。明善是誠身的工夫。窮理是盡性的工夫。道問學是尊德性的工夫。博文是約禮的工夫。惟精是惟一的工夫。諸如此類。始皆落落難合。其後思之既久。不覺手舞足蹈。

右。門人徐愛錄。

（傳習録集評、同じ。）

陽明学と考究の要点

一、陽明学の解説と導入

陽明学も朱子学も経世済民、修己治人の学であって、一人一人の人間性を追求し、完成させる点は同じである。しかしながら王子と朱子の学問を比較対照するに、経学・思想などを集大成した朱子に対し、王子は画竜に点睛した人といえる。陽明学は我が身の行いを正す。善い事を行いで示す実践の学問である。王陽明一生の経験より生まれてきた学問が陽明学である。王子学と称されずに、陽明学と呼ばれるようになったのは、四明山の陽明洞にて真剣に講学する王子の姿に心打たれた学者が、陽明先生の学問、陽明学と称したことに始まる。

王陽明の文章、漢詩は、事象に極めて剴切であり、その漢詩文は読む人の心を打つ。文章には明代の俗字が所々出てくるが、かえって漢字に対する親しみが増してくる。陽明学とその漢詩文は、高校・大学の教材として、また社会人必須のものとして意義がある。

王陽明履歴

初めに次の略伝を見てみる。

王　守仁。明、余姚の人。字は伯安、弘治の進士。正徳の初め論を以て言官・戴銑等を救ひ劉瑾に忤ふ。闕下に杖し、龍場の駅丞に謫す。謹誅し、廬陵の知県に移る。累ねて右僉都御史に擢じ、南贛を巡撫し、大帽山の諸賊を平げ、宸濠の乱を定む。世宗の時、新建伯に封じ、両広を総督し、断藤峡の賊を破る。明の世、文臣の用兵、未だ守仁の如き者有らず。卒して文成と諡す。其の学は良知良能を以て主と為し、謂へらく、格物致知、当に自ら諸を心に求むべく、当に諸を事物に求むべからずと。故に宋儒に於ては特に陸九淵を推重し、而して朱子集註、或問の類を以て中年未定の論と為す。世に称して姚江派と為す。嘗て室を陽明洞中に築く、学者・陽明先生と称す。王文成全書有り。其の文、博大昌達。詩、秀逸有致。即ち文章もまた世に伝ふるに足ると云ふ。（書き下し文）

王守仁。明、餘姚人。字伯安、弘治進士。正徳初以論救言官戴銑等忤劉瑾。杖闕下、謫龍場驛丞。謹誅、移廬陵知縣。累擢右僉都御史、巡撫南贛、平大帽山諸賊、定宸濠之亂。世宗時封新建伯、總督兩廣、破斷藤峽賊。明世文臣用兵、未有如守仁者。卒諡文成。其學以良知良能爲主、謂格物致知、當自求諸心、不當求諸事物。故於宋儒特推重陸九淵、而以朱子集註、或問之類爲中年未定之論。世稱爲姚江派。嘗築室陽明洞中、學者稱陽明先生。有王文成全書。其文博大昌達。詩秀逸有致。卽文章亦足傳世云。（『中国人名大辞典』。原文はすべて句点）

右の略伝、並びに『王文成公全書』「年譜」に基づき、王陽明一生の履歴を纏めると次のようになる。

中国明代の哲人、王陽明（幼名は雲、五歳に改名して守仁、字は伯安、嘗て四明山の陽明洞に室を築き講学せしを以て、学者、陽明先生と称し、陽明がその号となる）は、前半生を陽明学の生成に、後半生はその提唱と講学に尽粋し、事功を成した。陽明は憲宗成化八年（一四七二）九月三十日、浙江省紹興府、余姚県の瑞雲楼に生まれ、世宗嘉靖七年（一五二八）十一月二十九日、江西省の南端の地、南安にて没した。先祖に羲之（書聖）が名を列ねる家系にして、天性豪邁不羈、十一歳、漢詩の即興をなし祖父を驚嘆せしめ、十八歳、聖学に志すも朱子学への疑惑から、任侠・騎射・辞章・神仙・仏教の道に走る。二十八歳、進士に挙げられる。三十一歳、室を陽明洞中に築き講学。三十五歳、聖学に復帰す。三十六歳、劉瑾らのために謫遷され出発、三十七歳、春龍場に到着。龍場の大悟（天の理は我が心）によりみずからの教学を樹立。その工夫が事上磨錬であり、立言が三十八歳の時の知行合一説である。朱子の学問の弊を改め、実行を唱導する陽明の学問を時人は陽明学と称した。四十三歳、南京鴻臚寺卿に昇任。四十六歳、破山中賊易、破心中賊難の言葉と、十家牌法の制定がある。この年、横水、桶岡の賊を平定。四十七歳、高弟の徐愛没す。この年、古本大学を刻し、旁釈し序を冠す。朱子晩年定論を著す。三浰の賊、池仲容を平定。四十八歳、宸濠の大乱を平定。五十歳、致良知の宗旨を掲ぐ。先の古本大学序、完全定稿となる。また、功業により特進光禄大夫柱国新建伯に封ぜられ、南京兵部尚書を兼任。五十六歳、孔子廟に謁し、大学を明倫堂に講ず。この年、門弟の王龍渓・銭緒山との天泉橋の四句教の答問あり。また、最後の教典となった一書、大学問を銭緒山に渡す。五十七歳、広西省の思恩と田州の地に拠った賊を鎮定、且つ田州に思学校、広西省南寧に南寧学校を興す。そしてこの年、南安で、この心光明なりの辞世の言葉を遺して没す。隆慶元年（一五六七）、新建侯を贈られ、文成と諡せらる。万暦十二年（一五八四）、孔子廟に従祀さる。

陽明が罪なくして龍場に流されるのは、左記の事件があったのである。年譜三十五歳条、明史などを見てみると、陽明三十五歳。弘治十八年に孝宗は崩じて、正徳元年に武宗が位に即いた。この時宦官の劉瑾は、谷大用、馬永成、張永らの徒と大いに横威を振い、朝廷に人なき有様であった。そこで忠良の徒、劉健、謝遷らは袂をつらねて官位を去り、綱紀は全く弛緩した。南京科道官戴銑、薄彦徽らは朝廷に上疏して劉瑾一派を痛烈に弾劾したが、反対に劉瑾らの為に落し入れられ、牢獄に投ぜられる。陽明はこれを見て非常に慨嘆し、自ら上疏して戴銑、薄彦徽らを助おうとするも、劉瑾の憤怒を買い獄に下されて、挺杖を受けること四十、遂にその苦痛に堪えかね、一度は気絶したが蘇生したという。しかし劉瑾の怒りは止まず、更に陽明を貴州の龍場駅丞に左遷したのである。陽明は三十六歳の時、配所への道につくのであるが、劉瑾は側近に命じて途中で暗殺しようとし、陽明は危うく逃れていることが分かる。

この後、有名な話、陽明の龍場の大悟となるのである。格物致知解で境地を開いたその後の陽明の講学は、随地講学であり、事業と講学の一致は目を見張るものがある。

王陽明の人間像

―少年時代―

少年陽明は十三歳で母を亡くしたが、その悲しみに負けず学問に志している。成人した陽明に直接学んだ徐愛の『伝習録』上の言葉とか、銭徳洪と王畿の共編した年譜、並びに世徳紀、陽明先生行状の黄綰の言葉などに拠ると、少年王陽明の人となりは、豪邁不羈としている。豪邁不羈とは、才気がずば抜けており把捉できないとか、すぐれた学才の意味である。要するに非凡ということである。話は十二歳の時のことにかえって、少年陽明の大志は聖人になることであった。塾師との問答が次の話である。

少年陽明は或日、塾の先生に質問しました。「天下第一等とはどういう人のことでありますか」。先生が、「守仁君のお父様のような方です。進士の試験にトップで合格して、両親の名を世間に現わし、また自分の名前を上げることです」と答えると、少年陽明は大声で言いました。「進士の試験に状元で合格することは何時の時代でも見られます。そんなことは第一流の人とは言えません」。先生が逆に、「守仁君の考える天下第一の人とは、どんな人のことですか」と言うと、少年陽明は、「それは孔子様とか孟子様のような人のことであります」と答えました。この話がいつの間にか、父の竜山公の耳に入りました。父は笑って、「倅《せがれ》の望みは何と大きいことだ」と言いました。

先生又嘗問塾師曰、天下何事爲第一等人。塾師曰、嵬科高第、顯親揚名如尊公、乃第一等人也。先生吟曰、嵬科高第時時有。豈是人閒第一流。塾師曰、據孺子之見、以何事爲第一。先生曰、惟聖賢方是第一。龍山公聞之笑曰、孺子之志何其奢也。(『王陽明出身靖乱録』前記は口語訳)

─青年時代─

青年時代の陽明は、朱子学への疑惑のことから、学問とは何か、に対して非常に苦しんでいる。この悩みが聖賢の学に復帰し、所謂、陽明学の開眼(知行合一説)の原点を為すものである。湛甘泉の言葉に拠ると次のようになる。

最初は任侠のことにふけり、次は騎射のことにふけり、三度目は辞章のことにふけり、四度目は神仙のことにふけり、五度目は仏教のことにふけり、正徳丙寅〔陽明三十五歳。正徳元年（一五〇六）〕始めて、正しく聖賢の学に帰した。（口語訳）

初溺於任俠之習、再溺於騎射之習、三溺於辭章之習、四溺於神仙之習、五溺於佛氏之習、正德丙寅始歸正于聖賢之學。（世徳紀、『陽明先生墓誌銘』）

―壮年時代―　陽明の心境は次第に透徹していく。その幾つかを順を追って見ていく。

学者（学ぶ者）詞章記誦に溺れ、また身心の学あるを知らず。（書き下し文）

學者溺於詞章記誦、不復知有身心之學。（『年譜』、三十四歳条）

未だ身を出し承当し、聖学を以て己が任と為す者あらず。（書き下し文）

未有出身承當、以聖學爲己任者。（『年譜』、三十六歳条）

始めて知る聖人の道、吾が性自ら足る。さきの理を事物に求むるは誤りなり。（書き下し文）

始知聖人之道、吾性自足。向之求理於事物者誤也。（『年譜』、三十七歳条）

天理を存し人欲を去る。（書き下し文）

存天理去人欲。（『年譜』、四十三歳条）

山中の賊を破るは易く、心中の賊を破るは難し。（書き下し文）

破山中賊易、破心中賊難。（『年譜』、四十七歳条に記しあるも、「横水にありて」と但し書きがしてある。故に四十六歳の時の詞であることが分かる。）

民情に通ずるを求め、己が過ちを聞くを願ふ。

求通民情、願聞己過。（『年譜』、四十六歳条）

―臨終の言葉―

陽明の精神力には心が打たれる。陽明は世宗嘉靖七年（一五二八）十一月二十九日、江西省の南端の地、南安にて、八塞、断藤峡の賊を破り、病勢が激しくなり、帰郷の途中、舟中で没するのであるが、死の四日前、役人であり門人の周積が急を知り駆けつけた。先生は激しく咳込んでいたが、横たえていた身体を起こし、「近ごろの学問の様子はどうかね」と尋ねる。周積が担当している役所のことを以て答え、「具合は如何ですか」と尋ねると、陽明は、「病気はよくないが、精神は元気である」〔病勢危亟所未死者元氣耳。(『年譜』、五十七歳条)〕と答えている。二十九日、先生は周積を呼ばれた。陽明は積を横に、長い間目を閉じていたが、目を開くや、「私は行くであろう」と言った。積が泣ながらに、「ご遺言はございませんか」と伺うと、陽明は微かにほほ笑んで、「この心、光明である」〔此心光明亦復何言。(『年譜』、五十七歳条)〕と言ったということである。さて陽明の学問、陽明学を直接に見るには次の節に記す教本がある。

陽明学教本の解説

―**語録**（**伝習録**）― 上中下三巻、師弟答問語を収録している。中巻は書簡文が主である。付として朱子晩年定論を収録している。伝習の字は、『論語』・学而篇の文章より取っている。伝習の書名は、高弟徐愛が自編の書に冠し、結局は、上巻は門人、薛侃により刊行、南元善兄弟が中巻を続刻し、銭徳洪が下巻を選び、三巻をあわせて書名を『伝習録』としている。徐愛が編した聞き書き一冊の内、十四条は、現在の上巻の冒頭部分に収録されている。『王文成公全書』三十八巻の内、巻一〜三に、〔語録（伝習録）〕として収録されている。

―**古本大学序。古本大学旁釈**― 陽明は四十七歳の時に、古本大学に旁釈して、古本大学に序文を書き、板刻の上、門弟に示している。この古本大学序（二五七字）に手を入れて、五十歳の時、古本大学序（三二九字）を完全定稿としている（山田準著、『陽明学精義』参照）。古本大学と陽明について、二松學舎創建者・中洲三島毅先生は次のように述べられている。「朱子ハ大学ニ錯簡アリトテ之ヲ引直シ、欠脱アリトテ補伝ヲ入レラレタル故ニ、之ヲ新本ト云フ。今、世間ニ流行スル章句本是ナリ。陽明ハ礼記中ニ有リシママニテ、錯簡モ欠脱モ無シト見ラレタル故ニ、古来ノママニテ解釈ス、之ヲ古本大学ト謂フ。是レ朱王ガ奉ズル所ノ書物ノ異ナル所以ナリ。」〔『古本大学講義』（共著、『王陽明全集第一巻語録』）頭注二五三頁に引用〕

―**大学問**― 陽明は五十六歳の時、思田の征途に着いているが、門人の求めに応じて一文を銭徳洪に授ける。その一文が大学問である。中洲先生の高弟、済斎山田準先生は次のように述べられている。「大学を以て天地万物を一体となす大人の学となし、明徳を明にして其の体を立て、民を親みて其の用を達し、至善に止るを以て極則とし、修身正心誠意致知格物を以て其の功夫をなすに在り。思ふに王子の功夫月に精しく年に進む、而かも大学問一篇三千言は最も洗煉せられ最も統括せられたる最後の教典とす」(『陽明学精義』)と。

―年譜―　『王文成公全書』三十八巻の内、巻三十二〜三十六の計五巻である。銭徳洪と王畿の共編になるもので、完成したのは嘉靖四十二年(一五六三)である。この年は、陽明没後の三十五年に当る。現在のものは、その後に増訂されたものである。陽明の誕生から没年まで、及びその後の重要な事項までも、年代順に記載している。

教本として数えるなら、王文成公全書三十八巻がそれに当る、何れにしても前記三点は避けて通ることはできない。

知解よりも心解

王陽明一生の講学と事功を念頭におくと、陽明学に密着した考究の仕方は次の通りになる。

( )は書名、年齢等。

①誠意(古本大学序。古本大学旁釈。大学問)。②格物致知(陽明三十七歳)。③心即理(本質)。④知

行合一（陽明三十八歳）。⑤事上磨錬（工夫）。⑥致良知（陽明五十歳）。⑦体認（工夫）、等の専門用語の心解、実践に尽きる。

陽明はいう、「脳裏に知るだけでは致知にはならない。誠意、格物に於ても然り。誠にす、格《ただ》す、良知を拡充した行《こう》が大切である」（陽明五十四歳。顧東橋に訓した（『伝習録』中巻）条文の九節、要旨）と。知解よりも心解のことが陽明学に於ては特に大切とされている。

おわりに

王陽明は四十六歳の年、生祠（生きながら神）として祭られる程人々より感謝されている。陽明学の行《こう》は、善を為し悪を去るは、人の目に触れぬ我が心の動き、善悪に対する心の動きそのものも含む。さて我が国で陽明学を遵奉した人に、親孝行で有名な中江藤樹、『標註伝習録』を著した三輪執斎、『伝習録欄外書』の佐藤一斎、他にも錚々たる人がいる。何れにしても陽明学は脈々として現代に生きている。

二、陽明学の主要語句解

陽明学も朱子学も、学問を日常生活に生かすという点は同じである。違いはその学問方法にある。例えば理とする概念を把捉するにしても、陽明学は我が心の内にそれを認識し、朱子学は我が身の外にそれを捉え、分析と綜合の後に認識する。

朱子の分析と綜合について、王陽明は後記イのように言う。それについて我が国の佐藤一斎は後記ロの如く説明している。中国の許舜屏もまた要を得た注を後記ハの如く施している。さて学問を日常生活に生かすことを実学というのであるが、朱子学の先知後行に対し、陽明学は知行合一となる。朱子学の知解に対し、陽明学は体察になる。家族を含んだ世間との係わり合いの中で、我が身の行いを正しくする行《こう》が陽明学では大切になってくる。

後記（**『伝習録』の定本は、『王文成公全書』本**）

イ　理豈に分析す容けんや。また何ぞ湊合（得）するを須ひんや。（書き下し文）

理豈容分析。又何須湊合得。（『伝習録』上、三六条）

ロ　朱子すでに曰く、これを析つと。また曰く、これを合すと。畢竟支離に渉るを見るのみ。（書き下し文）

朱子既曰、析之。復曰、合之。畢竟見渉支離耳。（『伝習録欄外書』上、三六条の注）

ハ　心と理と融洽すれば、則ちおのづから所謂析なし。また所謂合なし（了）。（書き下し文）

心與理融洽、則自無所謂析。亦無所謂合了。（『評註伝習録』上、三六条の注）

本　論

主要語句の配列は、王陽明一生の講学と事功を検討して陽明学とは何かを理会するに便なるようにした。算用数字はその通し番号である。

①　誠意

王陽明の高弟・銭緒山の『大学問』冒頭の覚え書きによると、陽明は晩年になると初めて会う人には必ず『大学』と『中庸』の首章を示し、聖学全体の心得を教えていることが分かる。『大学』の首章には、「格物・致知・誠意・正心・修身・斉家・治国・平天下」の語が見られる。これが『大学』の八条目である。八条目の語は互いに関連するが、陽明学では最も誠意の語を重視する。後記イ・ロは共に陽明が、門下生に示した言葉である。後記ロを見ると、陽明は更に誠意の根本は致知としていることが分かる。陽明の考える誠意の意味は、我が心ばせそのものを誠にするとなる。誠の意味は、真実にして勝手なふるまいがなく、人を偽らないこととなる。致知は、陽明が『古本大学』に旁釈した、『古本大学旁釈』によると良知を致すとしている。なお『中庸』首章の概念は誠となる。何れにしても陽明学の入所は何かとして考えると、誠意となる。

後記

イ　聖人の学は、只だこれ一の誠のみ。（書き下し文）

聖人之學、只是一誠而已。（『伝習録』下、二九条）

ロ　誠意に務めずして、徒に格物を以てするは之を支と謂ひ、格物に事とせずして、徒に誠意を以てするは之を虚と謂ひ、致知に本づかずして、徒に格物誠意を以てするは之を妄と謂ふ。（書き下し文）

不務誠意而徒以格物者謂之支、不事於格物而徒以誠意者謂之虚、不本於致知而徒以格物誠意者謂之妄。（後略）（『大学古本序』）

②　格物致知

王陽明が聖学に復帰したのは、年譜には三十五歳としている。聖学とは孔子学のことである。発展して孔孟学の意味となる。陽明は三十五歳より三十七歳にかけて生死にかかわる危難を宦官劉瑾の為に味わっている。（本書「陽明学の解説と導入」の「王陽明履歴」六二～六六頁に紹介）。龍場に罪なくして左遷された陽明は、生き死にのぎりぎりの状態の中より、学問とは何かについて考究し、『大学』の格物致知の意味を、朱子は物に格《いた》って知識を致すとしているのに対し、陽明は物を格《ただ》して良知を致すと解釈し、思想の立脚点を確立している。読みの違いだけでなく、両者の思想の争点でもある。物の意味は事柄である。我が身に襲いかかる生死の事柄を陽明は学問的に切り抜けている。事柄を正すは意味が深く、我が身の事柄を正す、人の事柄を正す、二つのことが考えられるが、我が身の事柄を正すが先であろう。我が身の行いが正され、且つ自然に熟して、世間の人はその人を師表とし、事柄を無理なく正していく。陽明学とはそういうものである。後記イの、「その不正を云々」の「その」は、後記ロに関連して、「我が身」を指していることは明らかである。また後記ロに「格物の功」とあるが、功とは工夫の意味である。格物の工夫は我が身にせよとなる。「做」は作字の俗字。後記ハは、格物は動静にかかわらず、行う工夫としているところてある。忙しいからとして手抜きは許されぬとなる。後記ニは、各人の能力に応じて、「現在は現在の良知」を、「明日は明日の良知」を拡充せよと説いている。何れも王陽明が門下生に説いている言葉である。『伝習録』下巻、一一九条には、「人々には誰にでも良知はあるのだから、この良知に従えば子供だろうと薪売りだろうとその人に応じた格物の工夫ができる。灑掃応対の細事も子供の致良知の姿であり、格物の有様である」と、王陽明は門人に説いている。これらのことを勘案すると、格物致知の会得は王陽明自身にとっては、我が学への開眼となり、私達にとっては陽明学の入所となってくる。この格物致知解を王陽明は龍場に在って為したのである。時に王陽明三十七。

後記

イ　先生曰く、格とは正なり。その不正を正して以て正に帰すなり。（書き下し文）
　先生曰、格者正也。正其不正以帰於正也。（『伝習録』上、八六条）

ロ　格物の功は只だ身心上にありて做す。（書き下し文）
　格物之功只在身心上做。（『伝習録』下、一一八条）

ハ　先生曰く、格物は動静を間《へだ》つることなし。（書き下し文）
　先生曰、格物無間動静。（『伝習録』上、八八条）

ニ　先生曰く、我が輩の致知は、只だこれ各〻分限の及ぶ所に随ふ。今日良知見在かくのごとくんば、只だ今日知る所に随って、拡充到底し、明日良知また開悟するあらば、便ち明日知る所に従って、拡充到底す。(書き下し文)

先生曰、我輩致知、只是各随分限所及。今日良知見在如此、只随今日所知、擴充到底、明日良知又有開悟、便從明日所知、擴充到底。(『伝習録』下、二五条)

③ 心即理

済斎山田準先生は、「王子の申します心は、一時の出来心とは違って、天から貰った本心であります。『心は理なり』と申します。理とは、真理というても、神霊といっても宜しい。誠に立派な神様そのものであります。しからばそういう心であるならば、何事も心のままにしてよろしいかとなりますが、現在のわれわれの心は曇っていますから、この心のままでは大変です。その曇りを取りさった天真無垢、天から授かったままの本心でなければいけません。この本心からは、すべての道理がでてきます。これを『心は理』と申します。それで心と理との間に『即』の字を入れ、王子はまず『心即理』という教義を立てるのです」(新版『陽明学講話』五七頁)と記されている。後記イに見える同じような文字が、『伝習録』上巻三三条にある。「心外に理なく、心外に事なし」である。佐藤一斎は、「心外に理なし、故に衆理具はる。心外に事なし、故に万事出づ」（『伝習録欄外書』）と言っている。心即理が本質となる。

後記

イ　先生曰く、心は即ち理なり。天下また心外の事、心外の理あらんや。（書き下し文）

先生曰、心卽理也。天下又有心外之事、心外之理乎。（『伝習録』上、三条）

ロ　心は即ち性、性は即ち理なり。一の「与」の字を下さば、恐らくは未だ二となるを免れず。

（書き下し文）― **原漢文は本書「三、致良知は陽明学の神髄（九三頁）に掲ぐ**―（『伝習録』上、三四条）

ハ　心はこれ一塊の血肉にあらず。凡そ知覚する処は便ちこれ心なり。耳目の視聴を知り、手足の痛癢を知るがごとき、この知覚は便ちこれ心なり。（書き下し文）

心不是一塊血肉。凡知覺處便是心。如耳目之知視聴、手足之知痛癢、此知覺便是心也。

（『伝習録』下、一二二条）

④　知行合一

王陽明はすべての道理は我が本心に具わると悟り、次に立てた教言が知行合一である。山田準先生は、「その道理を実行せずば、絵に描いたぼたもち、なんのやくにも立ちません。それ故なんでも実行を勧めねばなりません。しかし無理に勧めるのではない。それは真理、すなわち合理的なのであります。ところで、むかしの聖人にもさような言葉はありません。また、朱子は知ってから行なえと申しました。しかるに王子のこの説は破天荒な立言で、学問界に大なる衝動を与えました」（新版『陽明学講話』五九頁）としている。謫遷の地、龍場での立言である。時に王陽明三十八。王陽明の言葉に次に直接参じていくことにする。

後記

イ　某《それがし》かつて説く、知はこれ行《こう》の主意、行はこれ知の功夫《くふう》、知はこれ行の始めにして、行はこれ知の成るなりと。もし会得《えとく》する時は、只だ一箇の知を説くも、已《すで》に自《おのずか》ら行の在るあり。只だ一箇の行を説くも、已に自ら知の在るあり。（書き下し文）

某嘗說、知是行的主意、行是知的功夫、知是行之始、行是知之成。若會得時、只說一箇知、已自有行在。只說一箇行、已自有知在。（『伝習録』上、五条）

ロ　食味の美悪は、必ず口に入るを待ちて後に知る。豈に口に入るを待たずして、已に先づ食味の美悪を知る者あらんや。必ず行かんと欲するの心あって、然る後に路を知る。行かんと欲するの心は、すなはちこれ意にして、すなはちこれ行の始めなり。路岐《ろき》の険夷は、必ず身親《みずか》ら履歴するを待って後に知る。豈に身親ら履歴するを待たずして、已に先づ路岐の険夷を知る者あらんや。――真知はすなはち行たる所以にして、行はずんばこれを知と謂ふに足らず。（書き下し文）

食味之美惡、必待入口而後知。豈有不待入口、而已先知食味之美惡者邪。必有欲行之心、然後知路。欲行之心、卽是意、卽是行之始矣。路岐之険夷、必待身親履歴而後知。豈有不待身親履歴、而已先知路岐之険夷者邪。――眞知卽所以爲行、不行不足謂之知。（『伝習録』中、答顧東橋書の三段。――は四段の一節）

ハ　知行合一を問ふ。先生曰く、これ須《すべか》らく我が立言の宗旨を識るべし。今人の学問は、只だ知行を分って両件と作すに因って、故に一念の発動して、これ不善なりと雖も、然れども却って未だかつて行はざれば、便《すなわ》ち禁止し去《ゆ》かざることあり。我れ今この知行合一を説くは、正《まさ》に人の一念発動の処は、便即《すなわ》ちこれ行（了）はなることを暁《さと》り得て、発動の処に不善あらば、就《すなわ》ち這《こ》の不善の念を将って克倒《こくとう》（了）するを要す。徹根徹底、那の一念の不善をして潜伏して胸中に在らしめざることを須要《しゅよう》す。これはこれ我が立言の宗旨なり。（書き下し文）

問知行合一。先生曰、此須識我立言宗旨。今人學問、只因知行分作兩件、故有一念發動、雖是不善、然却未曾行、便不去禁止。我今説箇知行合一、正要人曉得一念發動處、便卽是行了、發動處有不善、就將這不善的念克倒了。須要徹根徹底、不使那一念不善、潛伏在胸中。此是我立言宗旨。（『伝習録』下、二六条）

⑤　事上磨錬

陽明学の学問方法、家宝がこれである。『陽明学講話』（山田準著）の五九頁に、功夫の字に、「しごと」とルビがしてある。後記イは、仕事の上で自分を磨けとなる。陽明はまた一属官が、「仕事が多忙で勉強できない」と愚痴をこぼしたのを聞き、「学問は事事物物の実際に磨錬するものであって、自分の仕事を離れた人性を磨く学などはない」と訓している。

その条文を訳したのが次の文である。「ある属官がいた。長い間先生（王陽明）の学を聴講していて、『この学問は甚だ好いが、ただ帳簿づけや訴訟のことに忙しく、学問に専念することができない』と言った。先生がこれを聞かれて言われるには、『私は今迄君に簿書訟獄のことを離れて、あてどもなく学問をせよと教えたことがあろうか。君は既に公務を持っているのだから、公務の上で学問をなさい。それでこそ真の格物です。一つの訴訟を処理するにも、その被告の応対が無礼だからといって怒ってはなりません。言葉がなめらかだからといって好意を寄せてはなりません。その依頼を憎んで意地になってこれを処置してはなりません。被告の請求によって意志をまげてこれに従ってはなりません。自分の事務が多忙だからといって簡単に軽はずみな裁定をしてはなりません。側の人の毀誉を真に受けて、人の考えのままになってはなりません。これ等はみな私意です。みずからの手で細かく調べて正しい裁定をしなければなりません。自分の心に片寄りができて、人の是非を枉《ま》げる恐れがありましょう。これがいうところの格物致知であって、簿書訟獄のことも実学です。もしも事物を離れて学問すれば、かえってむだな学問になります』」（原漢文は、『伝習録』下、一八条）。

後記

イ　人は須く事上に在りて磨錬して功夫を做すべし。（書き下し文）

人須在事上磨錬做功夫。（『伝習録』下、四条）

⑥　致良知

王陽明五十歳の時の提言が致良知である。致良知は陽明学の神髄とされている。（本書「三、致良知は陽明学の神髄」を参照）。

後記

イ　天は即ち良知なり。（書き下し文）

天卽㒱知也。（『伝習録』下、八七条）

ロ　道は即ちこれ良知なり。（書き下し文）

道卽是㒱知。（『伝習録』下、六五条）

⑦　体認

陽明学は議論による考察でなく、体験による考察が大切とされる。体認は急所であり工夫の存するところである。

後記

イ　もし自己の良知上に就いて、真切に体認せざれば、星なきの秤《はかり》を以て、軽重を権《はか》り、未だ開かざるの鏡にて、妍媸《けんし》を照すがごとし。（書き下し文）

若不就自己㒱知上、眞切體認、如以無星之稱、而權輕重、未開之鏡、而照妍媸。（『伝習録』中、啓問道通書の四段）

おわりに

①〜⑦を例えば、私達個々の喜怒哀楽についていうならば、「喜び・楽しみを押さえ、怒り・哀《かな》しみに耐え」、自ら慊《こころよ》しとする境地に達するということになる。自慊は自ら快しとする意であって、良心に恥じないところとなる。

三、致良知は陽明学の神髄

南宋の朱子（一一三〇―一二〇〇）は、北宋の周濂渓一〇一七―一〇七三）、張横渠（一〇二〇―一〇七七）、程明道（一〇三二―一〇八五）、程伊川（一〇三三―一一〇七）の説を集大成し、孔孟の学に組織と体系を与え、老荘仏教を越える理気心性の学を樹立した。道学、性理学、理学、程朱学、宋学ともよばれている（『中国思想辞典』参照）。

朱子は「周濂渓の理説の『宇宙の構成原理より万物の生成原理を考え、万物の中で最もすぐれて秀霊なものが人間である』と、張横渠の気説の『万物は微物質的な気が集ってできており、気が散ずるとまた無形の太虚に入る。気質の性より天地の性に帰る』と、程明道の理説の『生生してやまないその生命力、その秩序正しい筋道をぬき出して、特に天理とし、理気を渾一的に考える』と、程伊川の理説の『理と気とを分けて二元とし、理は事象が変化する所以の法則であり、心を一に集中統一して他に散らさぬ敬が大切であるとするその性即理』等の」諸子の理気説を集成（阿部吉雄編著『中国の哲学』参照）し、朱子によれば理気は常に共存して離れぬものであり、善悪混淆の気質の性から、純粋至善の本然の性にかえる。居敬窮理して自己完成を成す学問となる。

然しながら朱子学は朱子亡き後、一つの変化が起ってくる。『陽明学講話』第一講には次のように記している。

「宋の世に入って、孔孟の儒教が性理学のもとに頭をもたげてきました。性理学とは、性は人の本性、理とは宇宙の真理でありまして、人の本性を見とどけ、宇宙の真理の上に立って、人間の完全性を完うしようというのであります。そこには程子兄弟（兄明道、弟伊川）が出で、次に朱子（名熹《き》、号晦庵《かいあん》）となります。この朱子学は、居敬窮理《きょけいきゅうり》の学と申します。居は居ること、敬はうやまいつつしむこと。敬に居るとは、心が散漫せず緊張充実と引き締まることであります。心をかような状態に保って、一面には窮理、すなわち天下事物の道理を知識的に窮め、研究してゆき、この両方面から人間は進歩し、完全になってゆこうというのであり。これはまことに結構な教説でありますが、人はとかく居敬を二の次として、知識的窮理にかたよりやすいのであります。それとともに元《げん》の世から明《みん》の世にわたりまして、役人になる試験に朱子学の書物を採用することになりました。この制度が学者をあおりたて、限られたる範囲内にて、読書だ研究だと血まなこになって一生を終る姿となりまして、性理学で人間が完全に向上進歩してゆくという本筋の学問はお留守となりました」（山田準著）。

今一度、朱子の考える理・性・気について整理すると、その解釈は下記のようになる。理は宇宙の構成原理、性は一物を一物として存在させる原理、気は物を作るものとなる。王子もこれを継承する。只だ王子と朱子の学問とするところの違いは、王子は理を我が身内に認識し、朱子は理を我が身の外のものとして考究するのである。

学問の目的とするところのものは、朱子によれば、

○朱子（一一三〇―一二〇〇）は大学或問の格物の章に、

人所以爲學者、心與理而已。

人の学問の対象は、心と理である。（訳文）

とし、王子は、心に引きつけた理、人性の性を良知とし、更に致《ち》（致す）を強調して、致良知を学問の目的とする。

致良知は陽明学の学問のところ

王子《おうし》（号陽明、一四七二―一五二八）の学問は、心の治め方（人格完成）と道理の研究は二でなく、

一つであるとして、知ると行うとは一つである。人には良知というものがあり、この良知を致し（実行し）てゆけば、聖人になれるとし、自ら実行していったのである。

朱子の心と理について、王子の弟子《ていし》が、お師匠さんに質問し、陽明が丁寧に答えている箇所（訳文）が次である。

「ある人が『晦庵（朱子）先生は、人の学問の対象は、心と理である』として居られるが、このことは如何でしょうかと陽明に尋ねたところ、陽明は次のように答えている。

『心は即ち性、性は即ち理である。与《と》の字を加えると、心と理が別物になる恐れがある。この点、学者は十分に観察しなければならない（書き下し文は、本書「二、陽明学の主要語句」八二頁に紹介。原漢文は次の並記の条文）』」。

心卽性、性卽理。下一與字恐未免爲二。（『伝習録』上、三四条）。

次に陽明の考える良知を、『伝習録』に見ると、

① 吾が心の良知は、即ち所謂天理なり。（書き下し文）

吾心之良知、卽所謂天理也。（答顧東橋書、第六段）

② 万事万物の理は、吾が心に外ならず。（書き下し文）

萬事萬物理、不外於吾心。（答顧東橋書、第七段）

となる。この良知は「固苦しい固定したものでなく、随時随所に形を変えて発揚せねばならないもの」（答顧東橋書、第一〇段）であるとしている。とすれば良知は、不易と流行を兼ねるものとなる。流行を以て、致す（実行）意としていることが窺われるのが次の条（『伝習録』）である。

① 心の良知更に障碍なく、以て充塞流行《じゆうそくりゆうこう》することを得。便ちこれその知を致すなり。――上、八条――（書き下し文）

心之良知更無障碍、得以充塞流行。便是致其知。

流行（致す―実行）に当っては集義のことが大切として、陽明は、「孟子の集義は致良知の工夫」（『伝習録』下、七二条）と言う。陽明は、孟子の集義を取り、告子の義外を取らない（『伝習録』中、答羅整庵・第四段。並びに下巻第七二条参照）。

② 義は宜《ぎ》なり。よく良知を致せば、則ち心その宜しきを得《う》。故に集義もまた是れ良知を致すなり。

義者宜也。能致良知、則心得其宜矣。故集義亦是致良知。（『伝習録』中、答欧陽崇一。前は書

き下し文）

ここで今一度、陽明学とは何かについて纏めると、陽明学とは、孔孟の学に組織と体系を与えた朱子学の性、理に更に集義して、王陽明一生の経験より生み出してきた致良知学となる。王陽明の心即理を踏まえて佐藤一斎は、王子・朱子の学問の違いを次のように述べている。

心外無理故衆理具。心外無事故萬事出。晦庵舊語點銕《てっ》成金《きん》。（『伝習録欄外書』三三条注。前は訳文）

○心の外に理はないから衆理が心に具わることになる。
心の外に事はないから万事が心より出ることになる。
これによって晦庵（朱子）の旧説は生まれ変った。

我が心に天理は具わるとする大きな学問が陽明学となる。致良知《ちりょうち》（良知を致す）の有様は、人それぞれの経験・修学の深浅により万変のものが生ずる。故に万人全くこれでなくてはいけないとする画一的な法はない。年齢・環境・経験に即してその時々の精一杯の我が身の良知を致し（実行し）てゆけばよいことになる。陽明学における万人共通の公理は只だ、天理を存して人欲無し（『伝習録』上、二条）の一点にある。この一点を見つめて考究実践してゆけばよいのである。（—存天理無人欲—これは又、王子・朱子の思想の一致点でもある。『評註伝習録』上、二条の許舜屏の評註）。欲の字が出てきたが、これについては『伝習録』下巻九〇条の一節に、「七情（喜怒哀懼愛悪欲）に執着するのを欲」として王陽明は捉えている。この欲と良知の関係について、同九〇条には更に次のように説いている。

〇ともに良知を蔽《おお》っているところである。わずかに執着するときは、良知は自然に悟ることができる。悟れば蔽いを取り去ってその本体に復することができる。ここをよく見抜くことが、簡易透徹の工夫である（訳文）

俱爲良知之蔽。然纔有著時、良知亦自會學。學卽蔽去復其體矣。此處能勘得破、方是簡易透徹功夫。

簡易透徹の工夫について、陽明はさらに次のように言う。

○私の工夫は、ただ日に（人欲の）減少することを求めて、日に（人欲の）増加することを求めない。（訳文）

吾輩用功、只求日減、不求日增。（同上巻、九九条）

『伝習録』上、九九条は更に次のように続ける。

○一分の人欲を減らせば、一分の天理にかえることができる。何とまあ軽やかでさらりとしたことか。何とまあ簡易なことか。

減得一分人欲、便是復得一分天理。何等輕快脫洒。何等簡易。

正に簡易であるが決して平易でない。陽明学は平常の学問の積み重ね（集義）と、実践に直面して瞬間の的確な判断が要求される。

又このような致良知の光景は、自らが体認するよりほかに方法がない。『伝習録』下巻一〇七条には、「工夫の精微なところは言語を以て説明しがたい。こまごまと説明すればするほど本質から遠くなっていく。（致良知は）自らの体認が大切である」（要旨）と、王陽明は訓している。以上の諸条を以て、「陽明学と考究の要点」の一つは致良知にあることがお分かり戴けたことと思う。

陽明は致良知について次のように力説する（要旨）。

① 学とは、この良知に循《したが》うことを学ぶのみ。（『伝習録』中、答陸原静第二書、第一一段）

② 夫子（孔子）が子貢に述べた言葉、「賜《し》や、汝は予を以て多く学んでこれを識《しる》すものと為すか。非なり。予は一以てこれを貫く」の『一以てこれを貫く』とは、その良知を致すことを指しているのである。（『伝習録』中、答人論学書、第一一段）

③ 良知を致すことは、学問する際の大頭脳であって、聖人が人を教える第一義のところである。（『伝習録』中、答欧陽崇一）

④ 聖人の学は、ただ此の良知を致すだけである。（『全書』八、書魏師孟巻、王陽明五四歳）

右①～④が本章の結論となる。陽明学の学問のところは致良知となる。

―余論―　明末の人は、王陽明の致良知をどのように見ていたか。『王陽明出身靖乱録』上巻三丁に、次のようにある。

○世間の学は表面のみ。実用の学とは程遠し。良知を致すは斯学の神髄。孔子学の継承は陽明の学。

世間講學盡皮膚。靈響雖隆實用無。養就良知滿天地。陽明纔是仲尼徒。（前は訳詩）

○済斎先生は又、王陽明が多年考究の末、生み出した致良知について次のように推論する。

「全体、王子は龍場の山中で、初めて『[1]聖人の道はわが性におのずから具わっておる』と悟りました。このわが性には、良知を含んでいるのには相違ありませんが、まだそこまでは気づきません。それから、王子は『[2]人欲を去って天理を存せよ』と教えました。これは龍場の悟《さとり》が当然発展すべき場面でありました。しかし「天理を存せよというたのでは、何となく漠然としてとりとめがないようで、王子はいつも歯痒く思っておりました。ところが、四十七歳から五十歳まで、千軍万馬や悪人ばらのいばらの中で、血の出るような経験をしまして、ここに『[3]致良知』という、三字の大発見を致しました。性といい、天理というたのでは、漠然としてつかまえどころがない心地がしましたが、今、良知を発見しました。――王子はいよいよ五十歳の春を迎えました。前月は、天子さまも北の都に還御なされ、地方もひとまず無事となりました。そこで王子は過ぎこし経《けい》路をたどって、自分が行ってきたいちいちを、今の語で再検討しているうち、はっと頭にひらめいたものがありました。それは良知という二字でありました。良知とは、本来そのままの良い知ということであります。それとともに、また『大学』の[4]『知を致す』という文句について気づきました。知を致すことを、朱子は知識を極めると解釈したが、そうではなくて、良知を致し実行することであった。次にまた気づきましたのは、良知という文句が『孟子』に在ったことであります。『孟子』の中に、[5]『人が学ばずして能くする所のものはその良能なり。慮らずして知る所のものはその良知なり。孩提《がいてい》の童もその親を愛するを知らざるなし。長ずるに及べば、その兄を敬ふを知らざるなし。』とあります。さてここだ。人間には天から授かった立派な良知がある。この良知を実行してゆくところに、人間の道も人間の学問も具わっておるのだ。ありがたいありがたいと思いました。そして次のように申しております。[6]『孔子・孟子が死んでから、この学問の相続が絶えた。いま、天のおかげによって、自分がまた気づくことができた。実に千年の間に二つとない愉快なことだ。この考えは、今後百代どんな聖人が出てこようとも、まちがっているとは言わさない。』どうです、この王子の意気ごみは。そして王子は、[7]『良知を実行するよりほかに、人間の学問はない』と断言しました。次に王子が申しますには、[8]『拙者のこの良知の説は、百死千難中より得《え》来ったものである。死ぬ目に百たびもであい、困難という困難を千たびも切り抜けてその間から実験体得したものだ。しかも諸君は、ふん、そうかと、鼻先きでこともなげに受け入れるから、せっかくの良知が良知にならぬ』と申しております。――古人が[⑨]『道、邇《ちか》きに在り、人これを遠きに求む』と申しましたが、王子は、道を近く求めて、ついに自分の良知にぶつかったのであります。」（山田準著『陽明学講話』第七講、八一・八二頁）

右文中の①～⑨の出典を、『陽明学講話』巻末原漢文並びに他書に拠って求めると次の通りになる。（書き下し文略）

① 始知聖人之道、吾性自足。向之求理於事物者誤也。（『年譜』、三七歳。本書、「陽明学の解説と導入」（六九頁）関連）

② 存天理去人欲。（『年譜』、四三歳。「前同」関連）

③ 是年先生始掲致良知之教。（『年譜』、五〇歳）

④ 致知、致意之良知也。（『王文成（陽明）旁釈』）

⑤ 人之所不學而能者其良能也。所不慮而知者其良知也。孩提之童、無不知愛其親者。及其長也、無不知敬其兄也。親親仁也。敬長義也。無他、達之天下也。（『孟子』尽心、上）

⑥ 心之良知是謂聖。聖人之學、惟是致此良知而已。—是故

⑦ 致良知之外無學矣。自孔孟既沒、此學失傳幾千百年、賴天之靈、偶復有見。誠千古之一快、百世以俟聖人而不惑　者也。(『全書』文録、五)

⑧ 某於此良知之説、從百死千難中得來。—今經變後始有良知之説。(『年譜』、五〇歳)

⑨ 道在爾。而求諸遠。(爾は邇。)(『孟子』離婁、上)

おわりに

「仏老の虚無と聖学の良知」について、「聖学の良知の虚は天の太虚と同じであり、良知の無は太虚の無形と同じであり、発動してやまないものがこの中にある」と、陽明が説いている。その条文(『傳習録』下、六九)の書き下し文(一節)が次である。—「良知の虚は、便ちこれ天の太虚にして、良知の無は便ちこれ太虚の無形なり。日月風雷、山川民物、凡そ貌象形色あるものは、みな太虚無形の中に在りて発用流行し、未だ嘗て天の障碍を作《な》さず。聖人は只だこれその良知の発用に順ひ、天地萬物は、倶に我が良知の発用流行の中に在り」と—。なお、良知を中心にして考究した我が国の学者に、江戸後期の吉村秋陽がいる。

四、四句教は陽明学の極意

陽明学も朱子学も読書を重視する点は同じである。朱子学は窮理の為に読書が必要であり、陽明学は致良知《ちりょうち》を考究する為の人欲消失に読書が必要になってくる。致良知に限って王子《おうし》の学問を論ずるならば、致良知には読書のことはかげをひそめる。然しながらストレートに我が身の良知を致すことができる人、それは只だ聖人と目される人のみであるからして、聖人以外の人は先ず我が身の良知が正しく発揚される状態まで読書が必要になる。然し聖人とされる人も読書、学問によって我が身を磨いてきたのである。私達より遙かに多い読書の量、学ぶ分量が違うのである（王陽明の言葉、『伝習録』下、二一条）。別の一書、『陽明学と抜本塞源論』（山田準著）を見てみると、導入の部分に「この良知は人々皆これを所有してをりまするが、併し吾々は肉体が結ばれますと、血気が働いて感情が起ります。これが増長して来ると、良知の実行を妨害します。そこで吾々は己に克《か》つという克己《こくき》で之に克って行かなければなりません。是に於て修養とか学問とかが必要になって来るのでございます」とある。聖人は生知安行としながらも、克己勉励の人である。まして況んや吾人に於てをやである。己に克つには勇気がいる、我が身に致すに於ても同様である。この致良知の致について、那智佐伝先生（二松學舎専門学校初代校長山田準先生の後を継がれた）は次の如く力説される。

「致スハ極メテ重大ナリ。アラユル学問ヲシテ致ス事ガ出来ルモノナリ。致ノ字ニ力ガハイル。一寸知ッタラ一寸行フ。本当ノ知行合一ニナラナケレバ、陽明先生ノ講義ヲ習フ訳ニユカヌ。人欲ヲ制シテ公ニ致ス。聖人ノ境涯ニ直チニハイルコトガ出来ル。良知ヲ知ッタカラトシテ最早ヤ、陽明ノ学ニ達シタトイフハ早合点ナリ。致スハ大事ナリ」。（『伝習録・四句教』講義中に板書された。昭和十八年五月十四日）。――受業生の私は当時数えの十八歳であった。四十三年を経た今日、二松學舎大学陽明学研究所に坐す私の脳裏に先生の『活発々地』の授業中の言葉と共に、板書の字が今日のようにあざやかによみがえる――。

扨て、心に密着した読書と共に陽明学は我が身に直接天理を具現しなければならないものである。天理具現のことは王子も朱子も同じである。然しながら朱子の具現はもって廻って最後に我が身への具現となる。そこの所を王子は『伝習録』上、九九条に次のように述べている。

○私の説が晦庵（朱子）と時に同じでないことがあるのは、入り口の処で毫釐千里の分があって、弁じなければならない為である。然し私の心と晦庵の心とはいまだかつて異なる所はないのである。（訳文）

吾說與晦庵時有不同者、爲入門下手處有毫釐千里之分、不得不辯。然吾之心與晦庵之心未嘗異也。

王子《おうし》と朱子の違いは、天理具現の方法に在るのである。我が身に有する天理は王子の場合、良知となる。その良知の姿と良知の働きを四句に凝縮したのが、次の王陽明の四句教である。

四句教

王陽明が道を学ぶ心得として、門人に授けた教が四句教である。


無善無惡是心之體。善なく悪なきは、これ心の体。

有善有惡是意之動。善あり悪あるは、これ意の動。

知善知惡是良知。善を知り悪を知るは、これ良知。

爲善去惡是格物。善をなし悪を去るは、これ格物。（『伝習録』下、一一五条。『年譜』、五六歳条）

年譜には宗旨《そう》、天泉證道記には四句教法といい、我が国の三輪執斎は四言教、三重松庵は陽明子四句教法という。二松學舎の創立者、中洲三島毅先生は陽明四句訣と題されている。この四句教を、「四句教について。字義。主意工夫」の項目に纏めると次のようになる。

①は三輪執斎著、『四言教講義』。②は三重松庵著、『王学名義』。③は山田済斎著、『陽明学講話』の文章である。

四句教について

①「この四言の教へは、陽明王文成公始めて門に入る人に授けたまひたる定《てい》法にて、人々受用すべき心法の大規矩《かね》なり。その本は大学の身を修むる工夫にして、古へ聖人の天に継ぎてその道を直《ちき》に人に示し給ひし嫡《てき》々相承の道統の要文、人みな学びて尭舜となるべき大典なり。これを外にして道をたつるを異端といふ。これを似《に》せて効《しるし》をとるを覇術といふ。これにそむくを悪といふ。これをしらざるを愚といふ。故におよそ聖人の道を学ぶむとおもふ人は、必ず斎戒沐浴して、敬しんでこれを受け、起居動静、間断なくこれを服膺すべきところなり。」

②「陽明子、諱は守仁、字は伯安、姓は王氏にておはします。明朝正徳の時代の人にて文武二道の名将、才徳兼備の賢儒なり。南方宸濠《しんごう》とて、さしも強かりし朝敵を滅ぼし、新建伯と

いふ国大名となり。天子より文成公と諡《おくりな》を賜ひて、孔子の御廟に従ひ祀りたまふ。陽明はその別号なり。子は男子有徳の称とて、先儒を崇尊《あがめたつとん》でいふなり。然るに陽明子多くの御弟子《み》おはして、つねに学問を論じたまふに、件《くだん》の四句を数へたまふ。」

③「五十六歳の五月、王子はまた、軍事に召し出されました。当時南方の広西田州に大がかりの土賊が起こり、なかなか平らぎません。朝廷では、王子の昔のいくさ振りに感心しておりますから、また征伐の任務を申しつけました。当時王子は、肺病がよほど重かったので、たびたび辞退しましたが許されず、致しかたなく出陣しました。これよりさき、王子は自分の学問を四句に、順序的に纒めて門人に授けました。それを『四句教』とも『四言教』とも申します。時に王子の高弟で銭徳洪《せんとくこう》と王畿との両人が、この四句教について議論があわず、『これは大切だ、今のうち先生に尋ねておこう』というので、王子出陣の前夜進んで質問しましたが、王子がいろいろ説明しましたので、両人も考えが一致するに至りました。」

字義

善なく悪なきは、これ心の体。（第一句）

①「心は声《おと》も臭もなし。故に善悪の名付くべきなし。これ心の体《すがた》にて、至善となすものなり。

人々力を用ひて至るべきところの目当《めあて》なり。」

②「それ心の体はすなはち天命の性をいふ。一念もいまだおこらざるときは善といふ名さへなほなし。況乎《ましてや》悪のあるべきやうなし。故《かかるがゆえ》に善なく悪なきは心の体と説かれたり。」

③「これはまずわれわれの心の本体を説明して、善もない悪もないのが本心の姿だというのであります。全体、孟子が『人の性は善』と申して以来は、ほとんどきまった学説となってきました。いま王子の説は、それに反対したようになりますが、実はそうではないのであります。孟子の説は、善悪対立した上から、相対的に性を善と説きました。王子のは絶対の上から見て、善とも悪とも言いえぬところから、それを『善なし悪なし』と申したのでありす。されば、性の本体は、白紙のような、何にもないものではなくて、非常に立派な者ということになるのであります。王子はそれをまた至善、すなわち至極の善と申しております。たとえば、水は流れる、火は燃える、人は親切をする、孝行をする。これは本質《もちまえ》、あたりまえであるという上からは、善とも悪とも名はつきません。しかるに、水は流れない、火は燃えない、人は不親切不孝をすると、それが悪と名づけられ、そして、その反対が善と名づけられます。その意味で、その前の本体のところを、『善なく悪なし』というのであります。それ故に、本体はつまり絶対至極、非常に立派なものに相違ないのであります。そのはずで

す。天理といい、良知というのもみな心の本体でありますから、それが悪かろうはずはないのであります。」

善あり悪あるは、これ意の動。（第二句）

①「心一たび本体よりうごけば善となり、形気より動けば悪となる。うごくによりて善悪はわかるるなり。これ人々力をもちふるの場、学問の肝要なり。」

②「意の動とは、心の一念をこそいづるをいふ。ここに始めて善悪の名あり。されば善あり悪あるは意の動と宣《のたま》へり。」

③「意の動とは、意が動くところをいうのであります。意は、心ばせと訓みます。心が馳《は》せ動く意味で、王子は心の動くところを意と説いております。なるほど心が動くと、そこに感情欲望がいろいろと起こって事物に接触します。その場合、外物に迷わされ引き込まれねば結構ですが、ことによると、迷わされ引き込まれます。そこで前者を善といい、後者を悪といい、ここで善と悪とが始めてわれわれの前に現われてきます。これを意の動と申します。されば、心の上には、善悪はありませんが、意が動いてからは、善悪を厳密にえり分けねばなりません。意の関所には、善や悪が盛んに寄せかけてきますから、関守りは目を光らせね

ばなりませぬ。」

善を知り悪を知るは、これ良知。（第三句）

①「悪念おこるといへども、本体の良知はいまだかつて亡びず。この故に善悪をしらずといふことなし。良とはこしらへたることなく、直にすらすらと出ることなり。そのおもひはからざれども自然にしるものを良知といふ。これ人人力を用ふるの規矩《かね》なり。」

②「その一念善悪の上にこれは善、かれは悪と明弁《あきらかにわきまえ》る智慧の機《はたらき》あるを良知といふ。」

③「意の関守りが目を光らしても、善悪を知って指図《さしず》してくれる者がなくては、見さだめえり分けが始終狂うてとんだことになります。幸いなるかな、良知という鑑定役《かんていやく》審判員が奥に控えていて、それは悪だ、それは善だと指図してくれる。まことにありがたいことでありす。」

善をなし悪を去るは、これ格物。（第四句）

①「意の在るところを物といふ。天下の事事物物はみなこの意に在り。その意の善をなしその意の悪を去るを物《こと》を格《ただ》すといふ。人々力を用ふるの実功なり。」

②「格物といふは、格は、正なりと釈《と》く。タダスと訳む。物は、事の字の義にてコトと訳む。凡そ心に思ひ躬に行なふ事為《しわざ》をいふ。その事為の不正を正して心術《こころいれ》躬行《みもち》を正しくするを格物といふ。正しきは、すなはち善なり。不正は、すなはち悪なり。それ吾心の良知は、天理の明らかに覚るところ、自然《おのずから》善悪を知るといへども、人欲の私に昏まされて、吾心の良知をみづから欺きて悪を作すは、格物の修行をせぬ故なり。この故に吾心の良知を開発せんために師匠に従ひて学問をし、聖人の教へを明らめ善悪の理を弁へ、善を行なひ悪を去るべし。これこそ善をなし悪を去るこれ格物と謂ふなれ。」

③「良知がせっかく指図してくれますから、われわれはその親切を無にしないように、まじめに勇敢にその指図を実行する。これが物を格《ただ》しうする格物という役目であります。」

主意工夫

①「右を四言の教へといふ。凡そ天下の理は、心にそなはりて意にうごき、良知にてしり、その物を格《ただ》す。故に致知格物《ちちかくぶつ》は誠意の工夫なり。物を格《ただ》すのはじめに、まづ志を立てこれをただすべし。それ誠意の工夫は仁なり。致知の工夫は知《ち》なり。格物の工夫は勇なり。この三つの工夫によりて三徳成就《じょうじゅ》し、本心の正しきにかへる。そのこれを行なふゆゑんのものは一

つの志なり。志は心のさしゆくところ、人の誠なり。その初め志を立つること勇猛ならずんば、事事よくその終りを遂ぐることを得んや。」

②「畢竟学問の道は、この四句の教法に約《つづ》まり。四句の教法は、また良知を致す（致良知）の三字に極まる。」

③「以上四句で、人間の仕事が結了します。なお終りの句から説明しますると、われわれは善をなし悪を去る格物の実行から始めるのであります。それには第三句の良知の指図をうけねばなりません。良知の指図をうけたら、第二句の意《こころ》の関所で、善悪をえり分け、格物の仕事を始めます。格物の仕事が進行して、意の関所が清められ、悪が消え失せたならば、第一句の無傷の本尊様が、心の奥宮に何の障《さわ》りも受けさせられず、光明赫奕《かくやく》とおひかえあそばして、めでたしとなるのであります。」

以上にて四句教のあらましがお分かりいただけたことと思う。要するに初めに記した通り、人欲消失に読書、集義の心解が大切になってくる。

道歌

四言教を詠ず　三輪執斎

○善なく悪なきは、これ心の体。（第一句）
行く舟の、なにかさはらむ、よしもなく、あしも南仁波《なにわ》の、水のこころに。
○善あり悪あるは、これ意の動。（第二句）
そことなく、そよぐ難波《なにわ》の、うら風に、よしあしの葉や、みだれそむらむ。
○善を知り悪を知るは、これ良知。（第三句）
よしあしの、かげもまがはず、なには江や、そこ澄みわたる、水のかゞみは。
○善をなし悪を去るは、これ格物。（第四句）
よしをとり、あしをかりなば、ふしの間に、迷ふなにはの、ゆめも覚めまし。
　右は難波の菅氏によみて遣はしける歌なり。
あふげ人、ふたつのみかど、三代のきみ、四言もおなじ、道の教を。
てにつける、ひじりのみちを、そのままに、述べし四言の、教たがふな。

享保一二丁未年

先哲の致した陽明学に直接参じることができるのは、真に有り難い。然し惇斎那智佐伝先生の言葉通り、先哲の言葉を知った、「最早ヤ、陽明ノ学ニ達シタトイフハ早合点」である。先哲の言葉を手引きにして、先哲の境地をみずからが体認しなければ、陽明学が分かったとは言い得ないのである。王陽明もまた門人達に、陽明学の一番大切なところは体認ということであると、次の如く説いている。

○私の講義をただ聞いているだけでは進歩がない。聴講するからには、体認しなければ青春の空費であるぞ。(『伝習録』下、一二七条の要旨)

おわりに

執斎の道歌に見える享保一二丁未年は、一七二七年である。我が国は将軍吉宗の時代に当る。『四言教講義』。『王學名義』。『陽明學講話』」は共に和文にて記している。前二者は、共著「王陽明(上)」(陽明学大系第二巻)に収録。『陽明学講話』は新版が二松學舍大学陽明学研究所より、昭和五五年一〇月一〇日に発刊されている。又『陽明学十講』も発刊されている。――講話は携帯に便利な良い本である――。

五、王陽明の詩

王陽明（一四七二—一五二八）も朱晦庵（一一三〇—一二〇〇）も詩を良くする。王陽明の詩は今日『王文成公全書』に収録されている。それについて中村宏氏（故人）は、「陽明の没後四十四年、穆宗の隆慶六年（一五七二）に謝廷傑が『王文成公全書』を刊行した。この中に詩集も収められている。作品は陽明が弘治十五年（一五〇二）三十一歳で刑部主事をやめて故郷に帰ったときから始まる。それ以前の詩が多数あったと思われるが、若干の例外を除いて伝えられていないのは遺憾である。

詩集の配列は次の通りである（作品数は実数によったので全書の目次と一致しないところがある）。

帰越詩　三十五首、山東詩　六首、京師詩　八首、獄中詩　十四首、赴謫詩　五十五首、居夷詩百十首、廬陵詩　六首、京師詩　十九首、帰越詩　五首、滁州詩　三十七首、南都詩　四十七首、贛州詩　三十六首、江西詩　百二十一首、居越詩　四十一首、両広詩　二十一首。このほか、外集詩三十八首が伝えられ（全書では続篇に詩賦が若干録されている）、近藤元粋（一八五〇—一九二二）の『王陽明詩集』（明治四十三年初版、青木嵩山堂発行）にはこれも収録されている。」と同氏他六人の共著になる『王陽明全集第六巻　詩』（一九頁）に調査報告されている。

王陽明と朱晦庵の詩について、安岡正篤先生（故人）はどのように見ておられたであろうか。いささか長文になるが切角の機会であるので先生著『新編漢詩読本《ママ》』（一三七頁、一三八頁、一四

三頁、一四四頁、一四五頁、一五五頁）の一文を次に紹介したい。即ち、

「朱晦庵の詩―朱子が絶代の道学者であることは知らぬ者もないが、同時に彼が宋代きっての大詩人であることは殆ど気がつかぬ者が多い。朱文公集一百巻、その十巻は彼の韻語を集めたものである。彼は詩経・楚辞より漢魏にいたるまでを一期、晋宋より唐までを一期、唐律確定の頃より自分の時代までを一期として、やはり巧緻な近代風より古風を愛してゐる。中期でも陶淵明を推して、謝霊運はその人となりに許さぬ故であらう、之を採ってゐない。小学を編む時も、彼の助手劉子澄に、詩は人の心に入り易く、教化に有益なことを説いて、古楽府と杜甫とを推賞してゐる。塞山詩はその愛誦する所であった。彼のやうな教養の正しく深い人に、単なる詩人の作品はどうしても物足らなかったであらう。『今の人は道義の学を修めずに、只だ詩文だけをやる。それはもう第二義に落ちる。ましてその詩も好い所を学ばずに、その好くない所を学ぶ。此の頃山谷の詩がはやるが、それも亦山谷の好い所を学ばずに、山谷の好くない所を学んでをる』と論詩にいってゐるのは、まことにその人らしい見である。彼自身最も五古が得意で、その斎居感興二十首は、古詩十九首、阮籍の詠懐八十二首、陳子昂の感遇三十八首、張九齢の感遇十二首、李白の古風

五十九首などの名作に直に跡を接するものであらう。王陽明の詩――王陽明も亦彼の赫々たる事功や、禅的と謂はれるほど機警な教学の為に、容易に近よれない賢人に思はれて、彼もまた半面、ゆかしく懐かしい、情操に豊かな人で、絶えず自然に眷恋して、優に明代詩壇にも高歩してをる詩人であることを知る人は少い。

陽明の五溺といって、少年の頃、任侠を気どったり、弓馬を好んだりした彼は、二十代に文芸にも耽溺し、二十五の時、試験に落第して郷里の余姚《よよう》に帰ると、龍泉山寺に詩社を結んだ。その後、都に出ても、李夢陽や何景明など、当時の代表的文人と交遊したのであるが、彼等の遊戯的文学や、その自堕落な生活は、彼の久しく堪へ得る所ではなかった。そして彼は間もなく袂を払って、郷里に帰ってしまったのである。高弟の王龍渓の語に、弘正の間、京師さかんに詞章の学をなし、李何その宗をほしいままにす。先師こもごも相唱和す。既にして棄て去る。社中の人、相与に之を惜しむ。先師笑って曰く、学・韓柳の如くならしむるも、文人たるに過ぎず。辞・李杜の如くならしむるも、詩人たるに過ぎず。果して心性の学に志あらば、顔閔を以て期と為すは、第一等の徳業に非ずや。就論立言、亦須く一円明竅中より流出すべし。蓋天蓋地始めて是れ大丈夫の所為なり。傍人門戸、比量揣擬する、皆是れ小技なり。――といってをる。さもあらう。かくて彼は詩壇から袂を払って去ったが、詩そのものからは離れなかった。いふまでもなく、詩は心情の流露であり、叡智の直映を本質とする。之を文字に再現する嗜好能力に乏しければ兎に角、彼ほど文芸的天分ある者がその深い心性の工夫と、こまやかな情懐とを以て、詩を作らぬわけはない。のみならず彼のやうに生命を愛し、体験を重んずる者が、その證悟を拈提するに当っては、詩偈の形を取ることが最も自然であり、便利であることは前述の通りである。言語を弄すること多ければ多いほど、心地の風光を遠ざかる。論理をあやつること繁ければ繁いほど、智慧は益々迂僻になる。事実彼の真骨頭はその文章議論より、むしろ多く彼の行動や警句と共に、その詩偈に依って後人に伝はってをるのではなからうか。」

である。

王陽明の詩の特色と実例

王陽明の詩の特色は何かとすれば、それは思想詩ということになる。「泛海」、「睡起偶成」二首、「啾啾吟」等の王陽明の詩を中心にして、順を追って見ていこうとするものである。先ず「泛海」の詩についてであるが、これについては、本書「二、陽明学の主要語句解」七九頁を披見されたい。陽明が罪なくして龍場に流されるに至った事件の顛末を記したが、正徳二年（一五〇七）陽明三十六歳の時、いよいよ陽明は配所の貴州への途に就くのである。その途上の危難について「王陽明出身靖乱録」には詳細に記している。これらの話には多少の脚色があるかも知れないが、一、二紹介すると次の話である。

一、陽明が杭州（浙江省北部）に着いた時は夏でした。劉瑾は服心の部下に命じて陽明を亡き者にしようとした。捕まった陽明は彼等に別れの酒を与え、遺詩二首を書いた。その内の一首を記すと次の詩である。

學道無成歳月虚
天乎至此欲何如
生曾許國慙無補
死不忘親恨有餘
自信孤忠懸日月
豈論遺骨葬江魚

道を学んで成るなく歳月虚し
天か此に至る何如せんと欲す
生きては曽ち国に許し補なきを慙づ
死して親を忘れず恨余りあり
自ら信ず孤忠日月を懸くるを
豈に論ぜんや遺骨の江魚に葬らるるを

百年臣子悲何極　　　百年臣子悲しみ何ぞ極まらん
日夜潮聲泣子胥※　　　日夜潮声　子胥を泣く

注　子胥※―春秋楚の伍員。呉王夫差がその屍を馬の皮袋入れて江に投じた。

そして真夜中、陽明は銭塘江の岸に雲履（雲の模様のある履）、江上に紗の頭巾を浮かべて投身にみせかけ、間道に走るのである。

二、ある夜、寺僧が夜半の客は泊めないという規則をたてに取って、寺に泊めてくれないので虎の住む洞穴に一夜を明かした。翌朝、虎に殺されたことであろうと僧が行ってみると、陽明はぐっすり眠っていた。僧は驚いて寺に招じ入れた。ここで偶然に出会った道士が、陽明が婚姻の日に洪都の鉄柱宮で会った道士であった。対坐して別離以来の話の後、陽明が「あれから私は逆臣劉瑾と事を構えてしまい殺されそうになりましたが、九死に一生を得て、どうにかここまで逃げのびました。これから先は姓名を変え、安全な地で余生を送りたいと思っています。どこが一番安全でしょうか」と尋ねますと、道士は「ご貴殿には大切な父君がいらっしゃる。万が一ご貴殿生存の噂が立てば、逆臣劉瑾は烈火のごとく怒って、父君を逮捕してご貴殿を北の胡の国に逃したな、あるいは南の越の国に逃したなと、無理難題を言って父君を責めましょう。ご貴殿の進退はここに極まり、どうしようもござらん」と言い、一詩を陽明に示しました。それが次の七言律詩である。道士の答えは、陽明の行動如何では父に累が及ぶことを踏まえて、謗を憂え讒《さん》を恐れることなく謫所への速やかな赴任を勧めたものであった。

二十年前曾識君
今來消息我先聞
君抇性命噞毫髮
誰把綱常重一分
寰海已知誇令徳
皇天終不喪斯文
英雄自古多磨折
好拂青萍※建大勳

二十年前かつて君を識る
今来の清息　我れ先づ聞く
君は性命をもって毫髪より軽んず
誰か綱常を把って一分を重んず
寰海すでに知る令徳を誇るを
皇天終《つい》に斯文を喪《ほろ》ぼさず
英雄古より磨折多し
好し青萍《へい》を払って大勲を建てよ

注　青萍※—名剣の名。

○陽明は道士の詩を読むや、道士の言外の意に感じ、陽明は心機一転した。配所に行かんと心を定め、筆を借りてさらさらと一絶を壁に書きました。この時の詩が「海に泛《うか》ぶ」と題する次の有名な詩である。

●「泛海」（海に泛《うか》ぶ）の詩はつまり二十年前に鉄柱宮で会った道士に再会した陽明が、心も新たに謫遷の地に赴かんとする心境を詠ったものである。広く世間に知られている詩にして赴謫詩の中に収録されている。陽明三十六歳。

険夷※原不滞胸中　　険夷もと胸中に滞らず
何異浮雲過太空　　何ぞ異らん浮雲の太空を過ぐるに
夜静海濤※三萬里　　夜静なり海涛三万里
月明飛※錫下天風　　月明に錫を飛ばして天風を下る

注　険夷※―土地のけわしい所と平らかな所。逆境と順境。海濤※―海のなみ。飛錫※―錫は錫杖、僧や道士が持つ杖。錫杖を波静かな大海原に飛ばして、仙人のように天風に乗って舞いおりる意。

◯この詩の題が「泛海」である。「泛海」の詩の評を他書に求めると、山田準著『陽明学講話』

（新装版）、並びに安岡正篤著「漢詩読本《ママ》」（新編）がある。

○山田準先生は「講話」（四九頁）に、

「これはかような意味であると思います。『人には難儀な逆境と幸福な順境と、この二つがしじゅう替りあって来るものでありますから、来るままにこれを扱えばよろしい。昨日の辛酸が今日に残り、今日の嬉しさが明日にさし響くように、胸中に滞《のこ》るべきものではありません。それはあたかも浮き雲が大空を通り過ぐるのとなんの相違もありません。雲が空を流れて通るが、空はもとの空でなんの変化も受けません。そのごとく、難儀幸福《しあわせ》が人の身の上に代りあって訪うて来るが胸の中はもとの胸の中で、なんの変りもあってはなりません。ごらんなさい、夜はしんしんとして、なんの響も聞えません。大海原《おおうみばら》は見わたすかぎり三万里、波は静かにうねって、なんの区別も隔てもありません。月は明らかに照りわたって、一点の曇りも見えません。そこへ人が錫杖《しゃくじょう》の杖を飛ばして、仙人のように天風の中からひらひらと大海原の真中に舞い下りてきます。』コースがどうの、潮時がどうのという障りもなければ、人間の浮き世から旅立ったのでもなく、どこの港を出帆したのでもないから、人間の移り香も港の臭味もありません。なんという天空海闊《かいかつ》広大無碍《むげ》でありましょうか。人の心はいつもこの広大なる心でおりたいものではありませんか。王子が理想として、かくもありたいという心の境地を詩に作ったものであると思います。」と記されている。

○安岡正篤先生は朱子の詩と対比させ、「泛海」の詩を以て「漢詩読本《ママ》」の『王陽明の詩』篇を結んでおられる。「読本」（一五四、一五五頁）に、

「その灑落な達道の心境を詠じた啾啾吟は識者の愛誦するものであるが、此処には朱子の祝融峯の絶句と好対をなす泛海の一首を挙げる。……（「泛海」、の詩略す）…。陽明の詩を語れば、実はその先輩陳白沙（名は献章。字は公甫。石斎と号す。広東省新会県の白沙村に隠棲してをったので、白沙先生といはれた。一四二八―一五〇〇）に及びたい。白沙の人物学問は優に陽明の好対を成してをり、その詩も道味津々として独特の妙境を開いてゐる。」

と記述されている。同書一四二、一四三頁を見てみると、「朱子学に参ずる者が、一面常に彼の詩から這入ってゆけば、決して窮屈固陋に陥ることはなからうと思ふ。

朱子その人に

書冊埋頭何日了　　書冊頭を埋む何の日にか了せん
不如抛卻去尋春　　しかず抛却　去って春を尋ぬるに

の句があり、

我來萬里駕長風　　我れ来って万里長風に駕す
絶壑層雲許※盪胸　　絶壑層雲　胸を許盪す
濁酒三杯豪氣發　　濁酒三杯　豪気発し
朗吟飛下祝融峰　　朗吟飛んで下る祝融峰

注　※許盪―許盪の許は許久、許信、許約などの許と同じ接頭語で、或は言ふに言へないこの通りの意に、或は強勢的の意に、或は只発語に使ふ。盪胸は胸をつく。

の豪懐があることに案外世人は想ひ到らないのである。」と記されている。

●「睡起偶成」の二首は、王陽明の致良知説提言、開眼の歓喜の詩と捉えることができる。この二首も広く世間に知られている詩にして江西詩の中に収録されている。陽明四十八歳〜五十歳迄の詩である。致良知については、本書「一、陽明学の解説と導入」六三、六九頁。同「二、陽明学の主要語句解」八六、八七頁。同「三、致良知は陽明学の神髄」（全頁）。同「四、四句教は陽明学の極意」（全頁）に詳説。

睡起偶成　二首

一

四※十餘年睡夢中　　四十余年睡夢の中
而今醒眼始朦朧　　而今《じこん》醒眼始めて朦朧《もうろう》
不※知日已過停午　　知らず日已に停午を過ぐるを
起※向高樓撞曉鐘　　起って高楼に向って暁鐘を撞《つ》く

注　四※十余年―過ぎし四十年余。不※知―昼を過ぎたのも知らないで。年をとってしまった意。起※―目醒めての意。

二

起向高樓撞曉鐘　　起って高楼に向って暁鐘を撞く

尚多昏睡正懵懵※　尚ほ多く昏睡して正に懵懵《ほう》たり
縦令日暮醒猶得　たとひ日暮るるも醒猶ほ得ん
不※信人間耳盡聾　信ぜず人間耳尽く聾するを

注　懵懵※――ぼんやり。不信※――誰が私のつく鐘に起きてくれるであろうか。

○中村宏氏は『王陽明全集第六巻　詩』に解説（八四頁）して、「四十余年は睡夢の中であったと自覚し、遅い「曉鐘」を鳴らす。それも耳に入らず眠りこけている者が多かろうが、まさか世人みな聾者でもあるまい。陽明が自己の到達した学問に自信を持ち、それを天下に弘布しようとする志が十分に伝わってくる。この二首は人口に膾炙《かいしや》している。」としている。

○「陽明学十講」の表紙を飾っているのが安岡正篤先生の王陽明睡起偶成の詩、色紙の縮小（写殖版）である。

●「啾啾吟」の詩は、王陽明悟道の詩である。達観して天に従えば何の憂えることもない、天と一体の境地をいう。江西詩の中に収録されている。陽明四十九歳。

知※者不惑仁不憂　知者は惑はず仁は憂へず

君胡戚戚眉雙愁
信步行來皆坦道
憑天判下非人謀
※用之則行舍卽休
此身浩蕩浮虛舟
丈夫※落落掀天地
豈顧束縛如窮囚
※千金之珠彈鳥雀
※掘土何煩用鐲鏤
※君不見東家老翁防虎患
虎夜入室銜其頭
西家兒童不識虎
執竿驅虎如驅牛
痴人※懲噎遂廢食
愚者※畏溺先自投

君胡《なん》ぞ戚戚として眉双つながら愁ふ
歩に信《まか》せて行き来れば皆な坦道
天に憑りて判下すれば人謀にあらず
之《これ》を用ふれば則ち行ひ舎《すつ》れば即ち休す
この身　浩蕩に虚舟浮かぶ
丈夫落落　天地を掀《あ》ぐ
豈に顧って束縛　窮囚のごとけんや
千金の珠　鳥雀を弾《う》たんや
土を掘るに何ぞ煩はさん鐲鏤《しょくる》を用ふるを
君見ずや東家の老翁　虎患を防ぐ
虎夜室に入りその頭を銜《ふく》む。
西家の児童　虎を識らず
竿を執りて虎を駆ること牛を駆るがごとし。
痴人噎《むせ》ぶにこりて遂に食を廃し
愚者は溺を畏れて先づ自ら投ず

人生達命自灑落※　　人生命に達すれば自ら灑落

憂讒避毀徒啾※啾　　讒《ざん》を憂ひ毀《き》を避けて徒らに啾啾せんや

注　知※者―知者不惑。仁者不憂。勇者不懼。（論語子罕）用※之―子謂顔淵曰、用之則行、舎之則蔵。惟我與爾有是夫。（論語述而）虚※舟―心にわだかまりのない意。落※落―心が広いさま。また孤独とか独立の意。千※金―高価な珠を以て弾丸として小鳥を撃つこと。掘※土―飾りのある鋼鉄で土を掘ること。鐲※鏤―名剣。自※君不見、至如駆牛―虎の恐しさを知り危害を防ぐ手段を取っていた老翁は、油断して虎にかまれたが、虎の恐しさを知らない子供は、「しっしっ」と竿をもって牛のように虎を追い払ったこと。懲※噎―むせぶのに懲りて食事をやめる。畏※溺―溺れるのを恐れてかえって自分から水死すること。灑※落―さっぱりしたさま。啾※啾―さびしげに鳴く声。

○宸濠の大乱を平定した王陽明（正徳十五年〈一五二〇〉四十九歳）は贛州にて士卒を調練した。権臣の江彬が調練に疑いを持ったので、門人達が陽明先生の身辺を心配した。陽明は権臣・江彬の動きをすこしも気にせず、門人・陳九川らにこの詩を作り、我が心境を伝えたとされる。この前後のことについて、「講話」（七八、七九頁）は次のように記している。「王子《おうし》は、江西省でいぜん軍務をつかさどって、四十八の年を迎えましたが、七月となって、大事変が起こりました。この江西省で、南昌というところは、今日でも省の首府でありますが、王子の時、ここには、天子の一族で寧王《ねいおう》という人が先祖から王様として封ぜられておりました。この王様は代々謀叛気《むほんぎ》がありましたところへ、時の天子武宗《ぶそう》にお子様がないので、寧王は自分の次男を天子に立てようと企《たくら》み、内々朝廷の官人《やくにん》、ことに奥向きの宦官に十分賄賂《わいろ》を使って味方を作り、手元には豪傑を招き、兵を錬り、いよいよ機が熟したと見て、南昌には留守番に一万の兵を残し、自分は十万の兵を提《ひっさ》げて揚子江（長江）を下り、南康・九江を攻め落し、南京を攻めにかかりました。この時王子は、驚きながら機敏に兵を集め、敵が留守にした南昌を攻め落したので、寧王は、これはとびっくりして途中から引き返してきました。南昌の側には、わが邦の琵琶湖を何倍したほどの大きな鄱陽湖《はようこ》があります。そこでいくさが始まったが、王子の軍はとうとう大勝ちをして、寧王を擒《とりこ》にしました。かような機敏な勝いくさは、古来少ないと申されております。これよりさき、北の朝廷では、いつでも悪いことを企む宦官らが功名欲にかられ、一つは寧王と糸を引いておったため、天子様にご親征をすすめ、堂堂と乗り出してきました。王子はもういくさはすみましたと、捕虜をつれて途中に出迎えますと、宦官らは、『これはけしからぬ、擒にした寧王は縄目を解いて放してしまえ。天子様が直接いくさをしてこれを擒にあそばすであろう』と、乱暴きわまる申し条。王子は致し方なく杭州の西湖の寺に引き籠って静養しました。宦官は王子をいろいろと中傷しましたが、王子は無事に南昌に還りまして、翌年春となりました。宦官は『王子はきっと謀叛《むほん》します』と申しあげた。天子は『何を証拠にするか』と詰問《たずね》られたので、『呼び寄せてごらんあそばせ、きっと参りはいたしませぬ』と申しあげた。それでお召しになると、王子はのこのこでかけて参りましたので、宦官はあてがはずれたなどという滑稽《こっけい》がありました。

また王子は兵を集めてさかんに調練をしました。宦官の探偵は目を光らしております。王子の身の上を心配する者は、あまりに王子が不謹慎なので忠告しました。この時です、有名な『啾啾吟』という長い詩ができました。初めは、こんなあんばいに出しかけてあります。『知者は惑わず、仁者は憂えずとあるのに、君はまた毎日ふたつの眉に皺よせて、くよくよするはなにごとか。足の出るままに歩けば、どこを歩いても坦々たる大道だ。天のお指図《さしず》に任せて行動してゆけば、もはやそれは人間の計らいではないぞ。双手《もろて》に天地をもさし上げようという大丈夫が、自分とわが身を縛って牢屋の隅に小さくなっておる囚徒のように、人の顔色やうわさを気にかけて、それで男が立つか』といってあります。実にこれを読むと、われわれ五尺の身体も急に大きくなったような気持ちがします。」（山田準著「陽明学十講」（七四、七五頁）には次のように記している。「これは陽明が寧王宸濠の反乱をわずか一週間にして平定いたしした。そして鄱陽湖《はようこ》の中で彼を捕えて、みなの瞠目するような効を奏した。これが逆に朝廷の野心家たちにそねまれて、あらゆる疑惑や誹謗を浴びせられた。そういう体験の後の解脱というか、悟道というか、それから生まれた詩なのである。全編を通じて英邁というか、不羈というか、何物にも捉われない自由奔放な、調子の高い先生の風格、信念、教養が躍動しておる。陽明の鍛え抜いた風格が躍動しておる。道元禅師が印可を受けた眼目、いわゆる身心脱落して、その脱落から身心が生じておる。身心脱落、脱落身心の趣きがある。」（安岡正篤著）

おわりに

思田地方の討伐（五十六歳）が、結果的に王陽明の最後の奉公となった。その頃、諸生と別れるに際して日常生活の良知の行いが大切と陽明は説く。居越詩の中に収録され、「王陽明出身靖乱録」では巻頭にこの詩を載せている。

緜緜聖學已千年　兩字良知是口傳　欲識渾淪無斧鑿　須從規矩出方圓

不離日用常行內　直造先天未畫前　握手臨岐更何語　慇懃莫媿別離筵

余説

一、身近な諸先生（敬称略）

○三輪執斎（一六六九―一七四四）。名は希賢、通称は善蔵、号は執斎、躬耕廬、江戸時代、京都の人。

○佐藤一斎（一七七二―一八五九）。名は坦、字は大道、通称は幾久蔵、また捨蔵、号は一斎・愛日楼・老吾軒。江戸時代、美濃（岐阜県）の人。のち江戸に出て、昌平黌の教壇に立った。儒官。

○三島中洲（一八三〇―一九一九）。名は毅、字は遠叔、通称は貞一郎、号は中洲・また桐南・絵荘などの別号がある。江戸時代末・明治時代、備中（岡山県）の人。のち東京に出て、二松學舍を創立した。東宮侍講・宮中顧問官を歴任した。

○山田済斎（一八六七―一九五二）。名は準、字は士表、号は済斎。岡山高梁《たかはし》の人。三島中洲に師事した。中洲らの推挙により山田方谷の後を継ぎ、山田方谷の義孫となる。旧制二松學舍専門学校（現、二松學舍大学の前身）初代校長。

○那智惇斎（一八七三―一九六九）。名は敬典、通称は佐傳、また佐典、字は典叙、惇斎はその号、旧制二松學舍専門学校（現、二松學舍大学）二代目校長。千葉県香取郡の人。「那智佐傳墓」はJR総武本線・旭駅下車、バス小見川行・天神坂上下車徒歩十分、林の中にあった。陽明学の講義中に良知学を解釈され「活潑々地《かつぱつぱっち》」と拳を握って熱講された。

二、群馬医療福祉大学・関連の目標

一

○五倫五徳の教え

五倫	五徳
親	仁
義	義
別	礼

五徳の仁の意味は、「したしむ、いつくしむ」の意味にして、「伝統的の建学精神」（広義）に対して、入所のところ、狭義の仁の意味であります。

「人としてふみ行うべき道」の意味であります。「義」の理念で、実践部門の援助技術家庭におけるクライエントとソーシャルワーカーとのあいだの公平な人間関係が維持できると思います。

「法令・規制・礼法等〈標準・手本として学ぶべきもの〉に的中した行い。真心の行《こう》」の意味であります。

「克レ己、復レ礼為レ仁」、としました重要な実践哲学のことであります。

序知

「知恵（智恵に同じ）英知及び真心。」の意味であります。英知の知るところ、吾が身の善、他の人の不善とするところを知り分けることができる大切な所であります。吾が身の本心のことを指摘しています。

信信

「誠」としました意味であります。援助する側のソーシャルワーカーは豊かな人間性を発揮して、クライエントとの信頼関係を強く形成することができます。

○修己治人、本無二道

己を修むると人を治むると、本《もと》二道無からん。

（『王陽明全集』第二巻　文録）

余説

私は清廉な人格を核にする本学の伝統・理念を掲げて文化の創造、豊かな人間性を実践する人が育ちますことを心より念じています。

二

本学が「伝統の建学精神」に掲げる『仁』とは、『誠とか、真心とか良知』としました意味（広義）であります。「仁は人なり」（仁とは人間らしさ）とか「仁は人の心なり」（仁とは人の本心）としました意味、広義の諸徳の總名のことであります。

◇美しい心を行いで示すことが群馬医療福祉大学の教育理念。
※ここの知とは、英知・良知・至善・真心の別称のことであります。

○四つの教育目標
1、質実剛健―研究態度を学びます。即ち医療及び福祉の実践の学問方法、取得それぞれの資格と展開の方法について学んでいただきます。
2、敬愛―知識・技術の習得ばかりでなく、自分たちの日常生活を参考にせられて物事を正確に捉える力を養います。
3、至誠―学問へのあこがれ、知識欲、探求心、創作の喜びが、本当の知識に対する意味であります。その気力を養います。

4、「忠恕」の四徳が「仁」―五徳につながる惻隠《そくいん》、羞悪《しゅうお》、辞譲《じじょう》、是非《ぜひ》の心を我が身に実らせ、この四徳を発揮する生きた人生観を学んでゆきます。

※1、2、3の条文は前理事長・鈴木泰三先生、4の条文は現理事長・鈴木利定先生の作定になるものです。

教育理念に基づいた学園の目標（四徳）であります。

・質実剛健
・敬　愛
・至　誠
・忠　恕

（平成十六年四月二日）

五倫・五徳としました『親《しん》』『仁』とは「両親に誠を以てすれば孝、即ち肉親のみが対象の「仁」でありまして、「伝統の建学精神」に掲げる広義の『仁』は、個々の諸徳の総名となります。ここに『仁』『親』は、広義の『仁』への入所のところとなります。

前述の四つの教育目標ですが、1、『質実剛健』は堅実で真面目の意。2、『敬愛』は吾が身を慎んで人を慈しむの意。3、『至誠』とはこの上ない誠（真心と同義）の意。4、『忠恕』とは、自分の真心より発した思いやりの意であります。且つ本学の教育目標は「奉仕の精神、環境の美化、礼の実践」であります。教育理念「知行合一」を重んずる所以であります。

福祉及び医療対象者への人間尊重、人間尊厳は自らを律することが責務であります。専門知識、技術、加うるに品性を統合した卓越せる看護及び社会福祉従事者の育成を目指します。先人が心血を注いで説く英知、及び知識の教養を現代に創造して、各位が社会貢献を目指されることを心より祈念しつつ擱筆する次第であります。

儒教とは人の道を説くところの学問にして、人が世間に立って、人に処するにはどのようでなければならないかを論しているところの学問であります。それには「仁」をもってせよと教えておるのであります。

（中田勝）

（先代）理事長　学長　鈴木泰三先生
理事長　学長　鈴木利定先生・監修

学校法人 昌賢学園　我が学園伝統の教育理念

一、建学理念。「世道人心に裨益する」。
一、建学精神。「仁」。
一、教育目標。「精神の涵養に重きを置く」。
（学則）（質実剛健、敬愛、至誠、忠恕を怠ることなかれの四学則）
一、教育理念。「社会有為の人材を育成する」。
一、教育精神。「知行合一による人格の陶冶」。

平成十八年五月発行　群馬社会福祉大学（関連学校）

三、国字の発明及び論語、千字文の伝来

儒学、つまり孔子の教を中心とする教義を載せた本、『論語』が日本へ伝来したのは『古事記』に拠ると応神天皇の御代とされている。この頃、『千字文』も我が国へ伝わっている。四世紀に日本へ伝来したのは間違いないようである。漢文を原文のまま訓読（原漢文を上下に返って訓む）する上代日本人の努力が実り、我が国の人の手になる漢文が発生した。漢文で書かれたものとしては次の法典及び書物がある。

○『憲法十七条』（聖徳太子が推古天皇の十二年〈西暦六〇四年〉に作定。第一条が有名な文章、「以和為貴」〈『論語』学而篇に、「礼之用、和為貴」とある〉）

○『古事記』（成立、和銅四年〈西暦七一一年〉の撰録）。

○正史、『日本書紀』（成立、養老四年〈西暦七二〇年〉）。

国字としての片仮名、平仮名は漢字の草書体及び「つくり、扁」に依って我が国の先人により造り出されたことは、ご承知の通りである。八世紀後半の成立とされる『万葉集』（表記は、漢字の音訓両様の併用。いわゆる万葉仮名の成立考案）も著された。（参考文献　中田　勝『東洋倫理入門』）

四、王陽明の気配り

王陽明のおもいやり

○志《こころざし》立たざれば、舵なき舟、銜なき馬の如し。（王陽明「教条示龍場諸生」）

（志の立たない人は、舵《かじ》のない舟、くつわをはめていない馬のようなもので、ふらふらして進路が定まらない。）

※船なき舟、ここは小舟でなく、大きな舟のこと。

病床より

陽明は激務の中に在って病床にあった。講学の訪問者に対して、陽明は次のごとく壁書して、学問の目標とその体用のことを示している。

○各〻帰りて、これを孔・孟の訓《おしえ》に求めて可なり。それ孔・孟の訓は、昭らかなること日月のごとし。…聖人の学に志す者あれば、孔・孟の訓を外にして他に求むるは、これ日月の明を舎《お》きて、光を蛍爝《けいしやく》（蛍やたいまつ）の微《かすか》に希《こいねが》ふなり。また謬《あやま》りならずや。

〔各歸而求諸孔孟之訓可矣。夫孔孟之訓、昭如日月。有志於聖人之學者、外孔孟之訓而他求、是舍日月之明、而希光於螢爝之微也。不亦繆乎。〕

（王陽明『年譜』五十一歳条）

※嘉靖七（一五二八）年十一月二十九日、「この心・亦た復た何をか言はん」の一語を残して**王陽明、没。**

（中国学の流れの上に立った、王陽明が提唱した学問を陽明学という。）

結論

一、中国哲学の核心は端的な自得の心学として、それが特質、と知るまでに、いささか年月を要した（昭和五十六年の「自得の心学」とした赤塚先生の随想であった）。

二、虚靈不昧、衆理具而萬事出、心外無理、心外無事。（王陽明『伝習録』上巻、三十三条）
（虚霊不昧、衆理具はりて万事出づ、心外理無く、心外事無し。——こちらも良いと筆者〔中田〕は思う。）

三、中洲先生の理気合一論は次の通りである。「朱子《しゅし》は理と誤解し、理先気後の学を開き、王子《おうし》と相い反している。

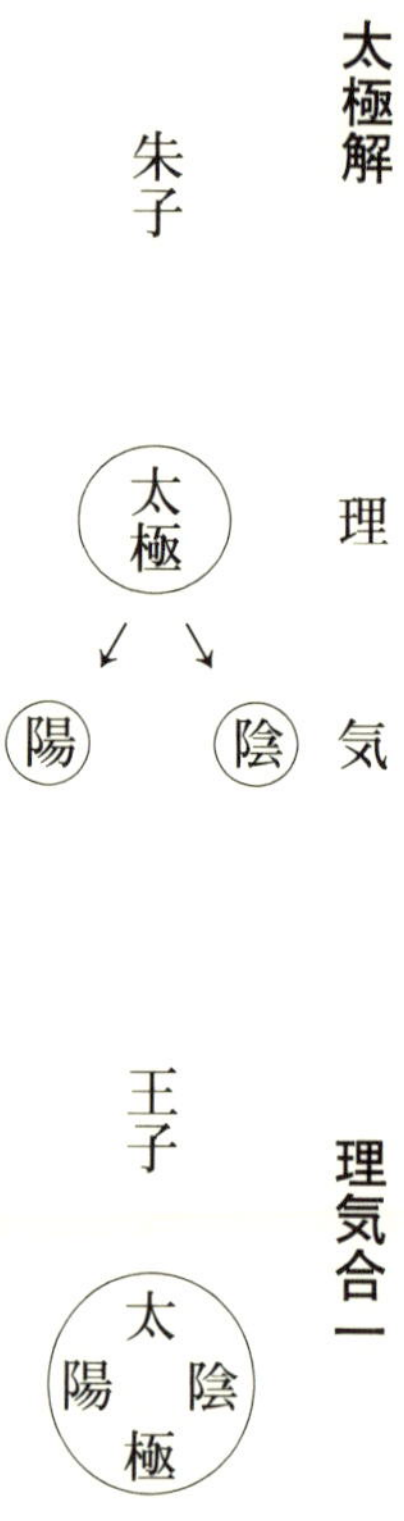

王（陽明）子の説に従えば、太極は天地万物の総名である。先儒の己と天地万物と一体なるの説に合している」のである。

（三島毅先生著『中洲講話』所収「同体異用」の一節。原文は古文調）

四、儒学とは人の道を説く学問にして、人が世間に立って、人に処するにはどのようでなければならないかを諭している学問である。それには「仁」をもってせよとしているのである。

儒学はまた我が身に学問道理を実らせる学であることよりして、別称して実学とも呼んでいる。

五、儒家におけるそれぞれの仁の定義

○孟子曰、仁《ハ》人心也。義《ハ》人《ノ》路也《ナリ》。（『孟子』告子章句・上）

意味は、仁とは人の本心、義とは人の路といっているのである。

○仁者《トハ》愛之理《ニシテ》、心之徳也《ナリ》。（朱晦庵の注解。『論語』学而第一、第二章）

意味は、仁とは愛《いつくしみ》の道すじにして、心身についたもの（得。すなわち徳）である。

○心《ノ》徳《ハ》、即《チ》是《レ》仁《ナリ》。

意味は、心の徳（身についたもの）が、即ち仁である。（王陽明の注解。『伝習録』上巻、第九〇条、謝廷傑本）

「礼」こそが、道徳の発生の根本であった。「礼」とは、伝統的な制度・風俗・習慣などの総称である。（山田勝美『全訳論語』〈福音館〉）

六、学問・事業は「虚霊不昧」、目標を立ててお互いに努めましょう、死語を求めるのでなく、生き生きとした学を目標に努めましょう。

（中田勝）

学生時代を振り返って

二松學舍大学に入学した時から中田勝先生とのご縁が始まりました。授業以外の時間は先生のお部屋で過ごすことが多かったように記憶しています。お昼休みに三・四年生の先輩方が輪読会をしていました。いつしかそこに参加させて頂いていました。

「定子くん、もう少し読めるようになりましょうね。」

先生の言葉は穏やかでしたが、白文を読めなかった私にかなりの危機感をお持ちだったと思います。さり気なく輪読会へ仲間入りさせて下さったのは、先生のご配慮だったと今になって感謝しています。

昭和五十九年の夏、中田ゼミの文学旅行は「備前・備中旅行」と題して岡山県の閑谷学校、高梁市等を訪ねました。先生の手書きのしおりを今でも大切に持っています。期日・経費・コース。懐かしい先生の文字が並んでいます。そしてそこには、「ゼミ旅行ではなく、広く文学旅行である。一年・二年・三年・四年、通年参加できる。」と書き添えられています。ここにも先生の優しさが滲み出ています。

旅の二日目、高梁市の八重籬神社境内にある済斎山田準先生頌徳碑を見学しました。碑の題額「世済其美」は祖父の字でした。先生に「世々其の美を済す」と読むことを教えて頂きました。祖父が書いた碑文等は全国に何カ所かありますが、それまであまり関心がありませんでした。実際に遠く離れた地で祖父の書いた文字に出会い、祖父の想いやその文字に籠められた意味を初めて考えるようになりました。以後、各地の碑文等を積極的に訪ねるきっかけになった旅でした。

三十代後半になって、こども論語塾の講師になる機会を得ました。始めの一歩をなかなか踏み出せなかった私は、閑谷学校を旅しました。文学旅行から二十年近い歳月が経っていました。閑谷学校は変わらぬ佇まい。学生時代とはまるで違う私の心持ち。ゆっくり散策して、帰る頃には決心がついていたように思います。

先生に文学旅行で連れていって頂かなかったら、この時閑谷学校を訪ねようとは思わなかったでしょう。更に遡れば、先生の下で学ばなかったら論語塾の講師を引き受けることもしなかったでしょう。今の私の基礎を作って下さったのが、中田先生です。もしできることなら学生時代と同じコースをもう一度先生と歩いて、先生の解説を聴きたいです。今なら理解できることがたくさんあるはずだと思えるからです。

前列左から２番目が中田 勝先生
前列右が筆者

済斎山田準先生頌徳碑と
中田先生

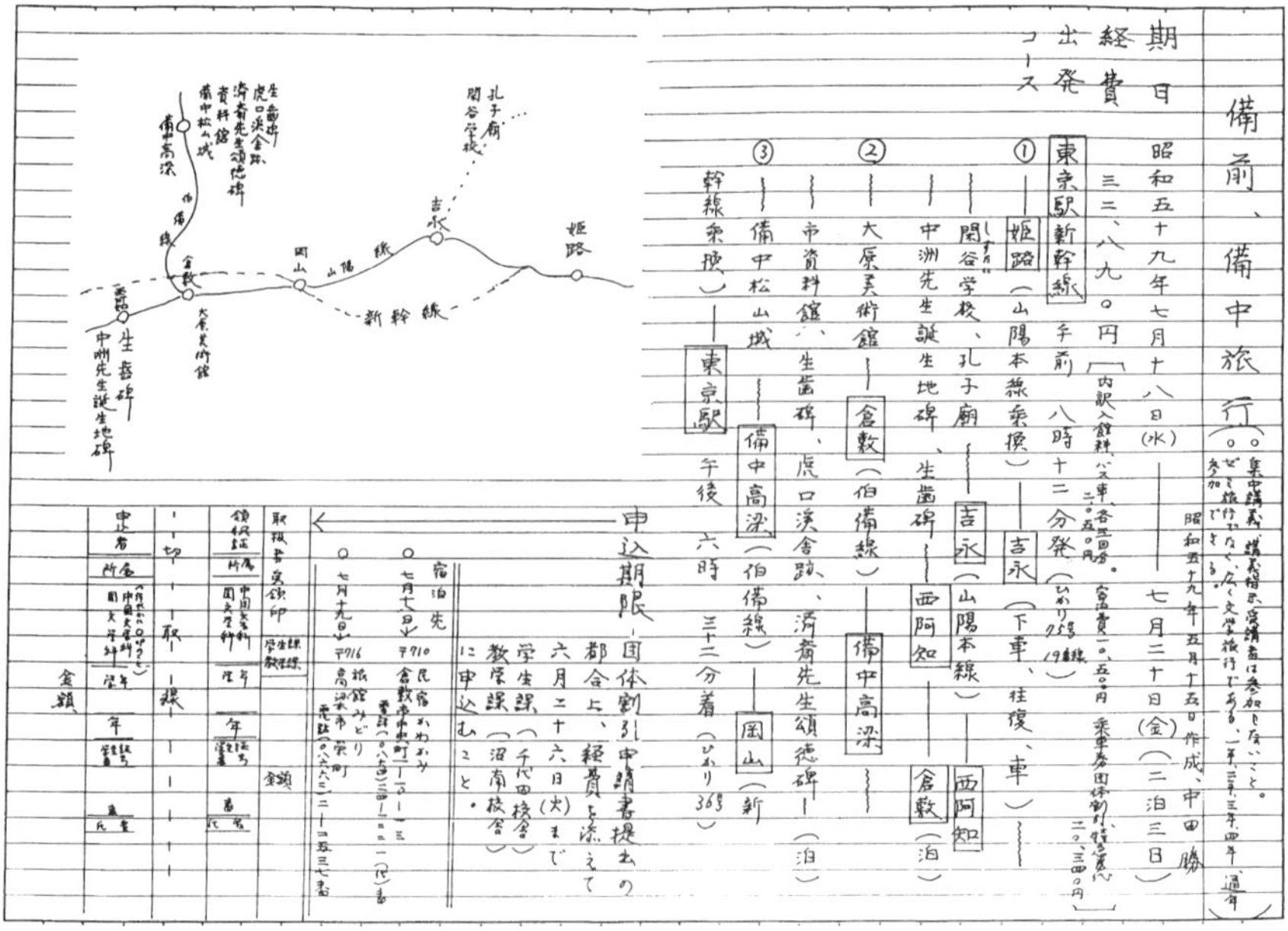

備前、備中旅行（○集中講義、講義指示受講者は参加しないこと。○ゼミ旅行でなく、広く文学旅行である。一年、二年、三年、四年、通年参加できる。）

昭和五十九年五月十五日作成、中田勝

期日　昭和五十九年七月十八日（水）――七月二十日（金）（二泊三日）

経費　三二、八九〇円〔内訳入館料、バス車、各三回分。二〇五〇円　宿泊費一〇、五〇〇円　乗車券団体割引、特急料金二〇、三四〇円〕

出発　東京駅新幹線　午前八時十二分発（ひかり253　19番線）

コース
①――姫路（山陽本線乗換）――吉永（下車、往復、車）～～
～～閑谷学校、孔子廟～～吉永（山陽本線）――西阿知
～～中洲先生誕生地碑、生歯碑～～西阿知――倉敷（泊）
②～～大原美術館～～倉敷（伯備線）――備中高梁～～
～～市資料館、生歯碑、虎口渓舎跡、済斎先生頌徳碑――（泊）
③～～備中松山城～～備中高梁（伯備線）――岡山（新幹線乗換）――東京駅　午後六時三十二分着（ひかり363）

申込期限　団体割引申請書提出の都合上、経費を添えて六月二十六日（火）まで学生課（千代田校舎）教学課（沼南校舎）に申込むこと。

宿泊先
○七月十八日　〒710 民宿おかおか　倉敷市中央町一―五―一三　電話（〇八六四）二四―二二二一（代）番
○七月十九日　〒716 旅館みどり　高梁市栄町　電話（〇八六六二）二―一四五三七番

取扱者受領印　学生課　教学課　金額

領収証　所属　中国文学科　国文学科　学年　年　学籍番号　氏名

―切―取―線―

申込者　所属（何れかに○印つけること）中国文学科　国文学科　学年　年　学籍番号　氏名　金額

中田先生手書きの
「備前・備中旅行」のしおり

先生が二松學舍大学を退官され、群馬医療福祉大学の顧問になられた時、「定子くんね、人を育てるのは本当に楽しいことです。」とニコニコされながら話されていたのが印象的でした。漢学専門の大学から医療福祉専門の大学に移られ、戸惑うこともあったとお聴きしましたが、若い人を育てる情熱はむしろ増していたように感じました。群馬医療福祉大学の建学の精神には、「質実剛健」「敬愛」「至誠」「忠恕」という言葉が見られます。まさに儒学の教え、陽明学の教えそのものです。人への思いやり、自分を律すること、社会貢献。どれも人として大切なことばかりです。かつて私たちが教えて頂いたことを、先生は伝え続けていらっしゃるのでしょう。

この度、先生が『伝習録集評』を上梓されるにあたり、一文をとの依頼がありました。とてもそのような大任は果たせないので、学生時代の先生との想い出を書かせて頂きました。大学を卒業してから三十年以上が経ちますが、その間も先生は歩みをとめることなく、ひたすらに学問を追求していらっしゃいます。そのお姿にただただ深く敬意を表することしかできません。

論語塾の講師になってからも、分からないことがあると先生にお尋ねしています。いつでも、どんなことにもすぐに答えて下さいます。頂いたお葉書やお手紙が何通もあります。その中に「執筆していても定子くんのことが頭をよぎります。大丈夫ですか」というお手紙があります。どれだけご心配をおかけしていることか……。先生の温かさが身に染みます。五十歳を過ぎても、こんなに心配して下さる恩師と出会えたことは、なんと幸せなことでしょう。

『伝習録集評』をじっくりと大事に読みながら、学生時代に想いを馳せたいと思います。

こども論語塾講師　安岡定子

本書中の「陽明学と考究の要点」は、東京法令出版株式会社発行の『月刊国語教育』（一九八六年2～6月号　漢文教材研究講座　陽明学と考究の要点　1～5）に連載されたものであるが、同社の御許可を頂き転載した。

鈴《すず》木《き》　利《とし》定《さだ》閲

学校法人昌賢学園理事長・学長（専門学校２校と附属幼稚園は学園長）
（学校法人昌賢学園は平成22年４月、看護学部開学を機に、従来の群馬社会福祉大学の校名を変更した。現在は群馬医療福祉大学とし、大学院、短期大学部、群馬社会福祉専門学校、附属鈴蘭幼稚園を併設している。）

中《なか》田《た》　勝《まさる》著

大正15年（1926）生、昭和20年（1945）旧制二松學舍専門学校卒業（新制二松學舍大学再卒）、昭和32年（1957）東洋大学大学院中国哲学専攻修士課程修了、元二松學舍大学名誉教授・群馬医療福祉大学・大学院顧問教授。平成27（2015）年3月没
主著『注解　書き下し論語』、『伝習録諸註集成』、『王陽明靖乱録』（中国古典新書続編）、『語録』（王陽明全集第一巻）、『三島中洲』（シリーズ陽明学34巻）、『東洋倫理入門』他

ISBN978-4-89619-964-2

王陽明　徐愛「伝習録集評」

平成二十八年　六　月二十日　初版印刷
平成二十八年　六　月三十日　初版発行

著　者　中　田　　勝
発行者　小　林　真智子
印刷・製本　㈱興　学　社
発行所　㈱明徳出版社
〒162-0801　東京都新宿区山吹町三五三
（本社・東京都杉並区南荻窪一―二五―三）
電話　〇三―三二六六―〇四〇一㈹
振替　〇〇一九〇―七―五八六三四